Lebenstaumel

Lebenstaumel

Sabine Gleißberg

FSC
www.fsc.org

MIX

Papier aus ver-
antwortungsvollen
Quellen
Paper from
responsible sources

FSC® C105338

Herstellung und Verlag:
BoD - Books on Demand, Norderstedt
ISBN 978-3-7460-3689-2

Inhalt

Identität

Weißt du eigentlich, wer du bist?
Ketzer, Hetzer, Antichrist,
Widersacher, Atheist,
Hexe oder Terrorist,
Opportun oder Faschist,
Heide oder Kommunist,
Kämpfer oder Extremist,
Vorbild oder nur Statist,
Liebevoll, zärtlich oder Sexist,
Spinner oder Realist,
Verbrecher oder doch Jurist,
Maxi- oder Minimalist,
Schreiber oder Telefonist,
Fürsorger oder eher Narzisst,
Angezogen oder Nudist,
Philosoph oder Moralist,
Opti- oder Pessimist,
Mitläufer oder Aktivist,
Einer, der kocht, oder einer, der frisst,
Dummkopf oder einer mit List,
ein Trauerkloß oder einer, der küsst?
Denk d`rüber nach oder lass, wie es ist!

Das saubere Schwein

Es war einmal ein Schwein
Das wollt`kein Schwein mehr sein
D`rum rief es ganz laut „Nein!
Ab heute bin ich fein."
Das Schwein lief schnell an einen See
Dort schwamm ein Schwan, so weiß, wie Schnee
Es stürzte sich ins Wasser `rein
Doch plötzlich fing es an zu schrein
„Ich kann nicht schwimmen, holt mich `raus!"
Nun sah es wieder schön rosa aus.
Ein Fischschwarm brachte es an Land
Schwein schüttelte jedem seine ‚Hand'
Jetzt bin ich zwar sauber – dachte es so
Doch brannte die Sonne auf seinem Popo.
‚Warum hab`ich das nie gefühlt?
Aha! Ich war nie abgespült!'
Schnell wälzt es sich im Schlamm ganz doll
Und fühlte sich gleich wieder wohl.

Wartezimmerblues

Hab Termin beim Arzt, nach drei Stunden Schlaf, nach einer Neun-Stunden-Nachtschicht im Laufschritt.

Trotz Augenschlitze, den gequollenen Lidern drüber und den braunen faltigen Säcken drunter, getarnt durch meine Brille und die Ponysträhne, die mein dramatisches Antlitz mit dem verschleierten und sehr begrenzten Durchblick wenigstens teilweise verdeckt, finde ich tatsächlich den Weg ins Wartezimmer.

Oh Mann! So viele Leute noch vor mir! Was soll`s! Ich bringe einen der letzten Stühle in meine Gewalt und versuche, es mir so bequem wie möglich zu machen. Den Stuhl rücke ich so nah wie möglich an die Wand, so dass mein Kopf daran Halt findet, die bereits erwähnte Strähne ziehe ich so gut es geht vor die Brille in der Hoffnung, dass es nicht allzu sehr auffällt, wenn ich ein wenig tiefenentspanne und ich suche mir eine Stellung, damit mein ohnehin schon gebeuteltes Gesicht nicht auch noch ungebremst auf meine Knie fällt.

Die stehen übrigens so aneinander, dass sie sich gegenseitig stützen. Die Hände ineinander gefaltet in meinem Schoss ruhend, um der Schwerkraft der Arme entgegenzuwirken, kann mein trübes Bewusstsein dieses halbkomatösen Zustands, in dem ich mich im Augenblick befinde, meinen Sinnen zum Trotz der Versuchung nicht widerstehen, mit einem halben Auge in die

Runde einen Eindruck von meinem vermutlich länger währenden Aufenthalt in dieser „Wohlfühloase" und meinen Mitsitzern zu verschaffen.

Die „Oase" ist schnell erfasst. Ein länglicher langweiliger Raum – eben typisch praktisch, angemietet, mit Ausstattungsvorgaben -und verboten behaftet. Gleich hinter der Eingangstür steht ein runder, hässlich grauer Garderobenständer, von dem man eigentlich nur noch den schwarzen staubigen Fuß erkennen kann, weil unendlich viele genauso langweilig farbige Winterjacken – natürlich! bei 8°C minus, drumherumhängen.
Darunter ein noch hässlicherer Zeitungsständer, grün und aus Plastik – eben praktisch.
Die Wände – weiße Strukturtapete, keine Bilder, nur Werbeplakate von Pharmafirmen.
Der Fußboden besteht standardmäßig aus einer pflegeleichten Gummischicht, mit einem Konfettimuster. Man möchte am liebsten n Besen holen. Auf die Stühle gab es bestimmt Mengenrabatt im Ausverkauf und in der Mitte steht ein Pressspantisch, plastikbeschichtet, geziert von einem leeren Flyerständer und zerfledderten Zeitschriften vom Lesezirkel vergessen, wieder abzuholen, von irgendwann. Selbst der einarmige Gummibaum in der Ecke scheint vor lauter depressiver Begeisterung langsam seine grüngelben Blätter abzuwerfen.

Jetzt hört man die Klospülung. Jemand muss eine längere Sitzung hinter sich haben, denn ich habe niemanden durch die Tür neben dem grauen Garderobenständer gehen sehen. Die Klotür geht auf und kleiner sehr blasser aber gepflegter alter Herr schaut sich verstohlen um, den letzten freien Stuhl im Visier zieht er zielstrebig mit eingezogenem Kopf an der Menge vorbei und setzt sich schnell hin. Die ihn verfolgende Verdauungswolke ließ nicht lange auf sich warten. Kein Klofenster!

Die Mitwarter erstarren in ihrer Haltung, nur ihre Nasenfalten vervielfältigen sich schlagartig.

Wer bis dahin mit dem Gedanken gespielt hat, sich auf dieser Örtlichkeit seiner überflüssigen Masse zu entledigen, hat es promt auf zu Hause verschoben.

Da ich im Moment leicht angeschlagen bin und mein Geruchssinn etwas eingeschränkt ist, konnte ich mich, hämisch in mich hineingrinsend, locker zurücklehnen.

Direkt neben der Klotür fingen die Sitzplätze an. Auf dem ersten Stuhl stand eine elegante Handtasche. Die gehörte einer alten in beige gekleideten, bequem und doch schicke Dame, wahrscheinlich schon viele Jahre Witwe, groß, inzwischen krummer Rücken, die Knie sind sich beim Laufen gegenseitig im Weg. Sie wurde gerade mit dem mühsamen Kampf um einen freien Haken an der Garderobe japsend fertig. Völlig erschöpft plumpste sie mit ihrer beigen Echtlederdamenhandtasche endlich auf den Stuhl neben der Klotür. Sie hätte ja so gerne noch ne Zeitschrift angeschaut, aber nochmal aufstehen ....?

Der junge Mann zwei Stühle weiter will seine Wartezimmerlektüre weglegen, als die Witwe ihre Chance wittert und ihn darum bittet. Zuvorkommend reicht er ihr seine Zeitschrift. Glücklich dankend fängt sie an zu blättern und – Autozeitung! Verzweifelt versucht sie ein Gespräch mit der jungen Frau, die bis dahin hoch-konzentriert mit dem Ausfüllen eines Fragebogens beschäftigt war, zu beginnen. „Ach, das ist doch was für Männer",meint sie. Mit einem müden Lächeln in den Augen legt sie sich resigniert die zugeschlagene Zeitung auf die Beine. Weil, weder die junge Frau noch der freundliche junge Mann verstehen den Wink.

Vielleicht hätte die alte Dame den beiden eine SMS schicken sollen???

Ich schaue in die sture Runde, ein paar Momente auf irgendwelche Reaktionen der hier anwesenden wartend. Nichts. Der junge Mann telefoniert inzwischen sehr geschäftig. Daneben der kleine Alte mit der Wolke, sitzt immer noch steif und starr vor sich hinschauend auf seiner Errungenschaft – dem Stuhl.

Es folgt ein Hüne – oder Hünin? – von einer Frau, Neurentnerin, vor langer Zeit geschieden. Ihren gewaltigen Körper versucht sie, optisch zu reduzieren. Die Schultern nach vorn gezogen, den Oberkörper zusammengesackt. Die Füße und Knie zusammengepresst und unter den Stuhl geschoben. Die personifizierte Unsicherheit.

Auf dem nächsten Stuhl fläzt eine gereifte Blumenkinderökofrau. Ein Fuß auf das andere Knie gelegt, die alte Blechbrille hängt ihr inzwischen auf der Nasenspitze, die Kleidung nicht jünger und die fuchsroten wilden Locken über die Schultern gewuchert, ist sie völlig in ihrem nostalgisch anmutenden Schmöker vertieft.

Sie merkt genauso wenig wie ihre Nachbarin. Normalo – Familienmutter, Mitte vierzig, räumt irgendwo Regale ein und geht nebenbei putzen. Ein Auto? – Nein, noch nie gehabt. Sie wohnt doch günstig in der Stadt und hat doch ein Handy! Das misshandelt sie schon die ganze Zeit mit beiden Daumen, ohne Zwinkern, glaube ich. Sie versucht, so alles zu regeln, was ein „Chef" zweier aufsässiger Teenager eben so zu regeln hat – zu Hause.

An der Stirnseite ein Ehepaar. Groß, stattlich, gepflegt, teuer gekleidet, gut frisiert. Wirken wie fehl am Platz zwischen dem einfachen Volk. Die sind bestimmt schon seit zehn Jahren pensioniert, nachdem sie in Führungspositionen im öffentlichen Dienst bei der Stadt genug Kapital angehäuft haben, um sich zweimal im Jahr gemeinsam bei einem Wellnesurlaub im französischen Fünf-Sterne-Hotel verwöhnen zu lassen. Ihr einziger Sohn, nach dem Studium an einer Elite-Uni, finanziert von Mama und Papa, als Manager in einer der größten IT-Konzerne Japans erfolgreich Fuß gefasst, besucht sie immer –

Weihnachten, ohne Familie aber immer das neueste Handy im Gepäck. Und natürlich haben Mama und Papa eine Superversicherung laufen, damit sie auch standesgemäß unter die Erde kommen.
Aber im Moment sind sie viel zu sehr mit Warten beschäftigt.

In deren Schatten, auf längeres Sitzen eingestellt, hat es sich ein Mittsechziger Frisch-Rentner-Ehepaar gemütlich gemacht, in Geduldigsein geübt abwartend der Dinge, die da kommen. Sie sind es ja schon immer gewöhnt, nicht aufzufallen und mit der Masse zu schwimmen. Bloß keine Probleme!

Es folgt ein Paar in besten Jahren – Midlifecrisis und Wechseljahre. Sie blättert sehr dynamisch eine Seite nach der anderen einer speckigen Wartezimmer-zeitschrift um. Fertig, steht auf, geht zerknirscht in ihrer Jeans ohne Inhalt zum Pressspanplattentisch, um sich das nächste Blättchen zu angeln. Sie sitzt nur zwei Stühle entfernt von mir und ich höre das immer hektischer werdende Knistern der Zeitschriften-blätter. Ihre Ungeduld wächst. Beruflicher Zeitdruck, finanzielle Probleme ihres gerade eben geschiedenen Sohnes, der auch noch Alimente für die zwei Enkel im Kindergartenalter bezahlen muss, obwohl er sie nur noch selten sehen wird. Sie werden mit ihrer Mutter nach Thailand zurückgehen. Der Lebensabschnittsgefährte der zerknirschten Frau sitzt zwischen ihr und mir. Eigentlich ganz attraktiv

für sein Alter, vergräbt sich in seine Lektüre und schaut nicht auf. Traut
sich nicht, sie sind ja wegen ihm hier und sie muss auch noch warten! Sicher steht er zu Hause am Herd.

Mein Rundblick dauerte vielleicht eine halbe Minute, in der schlichtweg nicht einmal andeutungsweise eine Reaktion auf den durch die nicht vorhandene Blume gehauchten Wunsch der alten schicken Dame mit der Autozeitung kam. Also erbarmte ich mich, erhob meinen tiefenentspannten Körper und gab meine ach so bequeme Wartehaltung auf, nahm eine typische Alte-Damen-Zeitschrift vom Pressspanplattentisch, steuerte auf die traurige beige Frau zu und bot ihr die Zeitschrift an. Erleichtert und mit glücklich dankbar leuchtenden Augen nahm sie diese gern in Empfang und die mit den Autos verschwand in dem hässlichen grünen Zeitungsständer. Ohne nach den Mitwartern zu gucken, ging ich auf meinen Platz zurück und konnte endlich wieder meine Ursprungswegnick-stellung auf meinem Massen- warensonderangebotsstuhl einnehmen und die Augen schließen, was bei meinen momentanen Seh-schlitzen ja keine Mühe machte. Gerade am Wegtreten hörte ich verschwommen die markdurchdringende Pieps- stimme der Sprechstundenhilfe, die einzige Stimme, die in der Ferne irgendwie aber permanent nervte, meinen Namen klirren.

Ich? Ich bin schon dran? Vor allen Mitsitzern?

Sommersehnsucht

Schaut man frühs zum Fenster raus,
sieht man nicht mal das Nachbarhaus!
So hängt der Nebel – tief und schwer –
wünscht man sich doch den Sommer her.

Dünnes Kleidchen und Sandalen,
mit Kreide auf der Straße malen,
Urlaub an dem blauen Meer –
wenn doch erst wieder Sommer wär!

Barfuß durch den Garten springen,
zuhörn, wie die Vögel singen,
klönen bei nem kühlem Bier –
wenn endlich wieder Sommer wär!

Sonne kitzelt im Gesicht,
früh um fünf schon helles Licht,
doch jetzt fällt Schnee, wird mehr und mehr –
wenns nur erst wieder Sommer wär!

Die Bäume stehen schwarz und kahl,
die Krähen krächzen überall.
Am Tag wird's gar nicht richtig hell –
komm wieder Sommer, komm ganz schnell!

Wo sind die gelben Blütenfelder?
Die herrlich satten grünen Wälder?
Die bunten Wiesen? Das Bienengesumm?
Hoffentlich ist der Winter bald rum!

Die Straßen sind glatt,
 die Gesichter sind matt.
Menschen hetzen nach Haus –
wo bleibt der Sommer – oh Graus!

Autos bleiben in Schneewehen hängen.
Es hat geschneit in rauen Mengen!
Von Blumen kann man da nur träumen –
Die Sonne soll den Schnee wegräumen!

Aus Schornsteinen steigt jetzt stinkender Rauch,
der Frost geht um mit eisigem Hauch.
Die Leute verstecken sich unter der Mütze.
Man sehnt sich sogar nach Sommerhitze!

Ein riesen Schokoladeneis,
`n Kolben von dem frischen Mais,
der drüben auf dem Acker steht –
ach, wenn der Winter nur bald geht!

Dunkel, kalt, nicht ausgeschlafen –
warum muss man sich so bestrafen!
Und das Aufstehn fällt so schwer –
wenn doch erst wieder Sommer wär!

Komisch

Man sagt, ich sei komisch.
Ja, bin ich.
Wenn man damit meine Individualität meint?
Mein Nicht-angepasst-sein?
Mein Nicht-normal-sein?
Aber wer ist eigentlich so überheblich zu
bestimmen,
was normal ist und was nicht?!
Hat nicht jeder durch seine Individualität auch seine
eigene Normalität?!
Ja, es gibt Regeln und Gesetze auch gleichbedeutend
mit Normen aus Durchschnittlichkeit vieler, an die
sich auch die Minderzahl halten sollte, damit nicht
alles kreuz und quer läuft, weil eben doch jeder
irgendwie anders ist – anders denkt, anders handelt.
Aber bildet sich dadurch nicht eine
Massennormalität?
Da kommt das Bild einer gepflasterten
Einbahnstraße.
Die Pflastersteine scheinen alle gleich zu sein.
Aber vergleicht man einen mit dem anderen, hat
jeder seine einmalige Form und Konsistenz.
Und doch sind sie so gelegt, dass sie ein
einheitliches Bild ergeben.
Also auch die Steine sind genormt, zum Beispiel die
Größe, damit die Fahrzeuge optimal drüberfahren
fahren können.
Ist doch mal ein Stein zu hoch, wird er eben mehr in
den Boden gepresst.

Und doch bleibt er einmalig.
Fehlt bei einem aber eine Ecke, wird er aussortiert.
Gleichzusetzen mit den Menschen, die sich nicht
komplett anpassen.
Oppositionelle, Komische, Kranke, Sture – eben
anders.
Das sind für mich Bezeichnungen für
außergewöhnliche Individualität.
Das sind die Steine, die in Nebengassen landen und
verarbeitet werden.
Im Gegensatz zur gewöhnlichen Individualität für
die große Einbahnstraße.

Diese Steine werden überrollt von Normen und
Gesetzen.
Die Nebengassen sind sehr holprig, aber als
Zubringer zur Einbahnstraße unerlässlich.
Und man muss sehr vorsichtig darüberfahren.
Heißt auch, jede Straße hat zwar seine
Daseinsberechtigung, wird geduldet, aber nur
widerwillig.
Die Einbahnstraße bedeutet normale Individualität.
Die Gassen aber: Opposition, Krank, Anders, keine
Erziehung, fällt aus dem Rahmen,
Unberechenbar, Komisch und ähnlich.
Aber macht die Individualität, ob normal oder
außergewöhnlich, das Leben und das Miteinander
oder Nebeneinander nicht erst interessant?
Die Einmaligkeit eines jeden, die auch wechseln
kann?

Sollte man nicht einfach die Besonderheiten des Einzelnen akzeptieren, wenn auch nicht unbedingt verstehen?
Ja, ich bleibe komisch!

Sondermüll Mensch

Zu Besuch bei den Großeltern – auf dem Friedhof.
Eine makabre Unterhaltung –

„.....nehmt mich mit in den Urlaub und streut meine
Asche in die Karibik."

„Und wenn es gar nicht deine Asche ist, sondern die
von dem blöden Nachbarn? Nee, nee, dann hat der
auch noch `n Luxusgrab!"

„Ich will auf jeden Fall verbrannt werden. Wenn ich
nämlich erdbestattet werden würde und ihr bei
meiner Beerdigung so laut lacht, dass ihr mich nicht
schreien hört, so zwei Meter unter der Erde, weil
ich beschlossen habe, doch noch nicht tot zu sein.
Schreckliche Vorstellung."

„Falls in der Biotonne noch Platz ist, mich könnt ihr
ruhig da reinstopfen. Ich merk dann sowieso nichts
mehr."

„Aber BIO ist von uns doch keiner mehr, bei dem
chemischen Unrat, den wir so mit uns
`rumschleppen."

„Stimmt. Du als Ex-Kettenraucher und
Lungenkrebskranker müsstest bei dem Nikotingehalt
in dir eigentlich so `n durchgestrichenen Totenkopf
auf dem Sarg haben."

„Abgesehen von der Radioaktivität durch die
Bestrahlung. Eigentlich müsste man sich in deiner
Nähe einen Strahlenschutzanzug überziehen. Also
gehört neben den Totenkopf auch noch `n
Radioaktiv-Zeichen drauf."

„Und was ist mit der Chemotherapie? Infusionen mit hochdosierten Wirkstoffen, Tabletten, Spritzen, Salben. Wenn es dafür auch noch ´n Zeichen gibt, dann gehört das auch noch drauf."

Also, eigentlich müsstest du zehn Meter weiter unten in einem besonders gesicherten Sarg irgendwo in der tiefsten Wüste begraben werden." „Und ein Sperrgebiet gehört drumherum." „Verbrennen wäre viel zu gefährlich, wegen des verseuchten Rauchs, der in die Atmosphäre steigt. Außerdem könnte der Ofen explodieren, bei dem Chemiecocktail!"

„Und was ist mit dir, du hormongepushte Diva? Nimmst schon seit vierzig Jahren erst die Pille und dann was gegen Wechseljahrbeschwerden. Deine Haut ist mit Kosmetik aller Art konserviert. Chemie pur, aber Hauptsache schön!"

„Dafür kaufe ich aber meine Wurst, Fleisch, Brot, Milch und Eier direkt beim Bio-Bauern! Und nicht das eingeschweißte Zeug, ewig haltbar durch was weiß ich, mit künstlichen Aromen und ganz viel E...... drin."

„Heilige Einfalt! Denkst du wirklich, in deinem Bio-Zeug ist alles Natur? Hast du schon mal drüber nachgedacht, was in dem Regenwasser ist, was auf dein Bio-Getreide für dein Bio-Brot fällt? Nicht zu vergessen das Weidegras oder die Futterwiese, wo die ach so glücklichen Freilandtiere fressen.

Das Wasser in den Wolken stammt doch von der Erde, aus verölten Pfützen oder Flüssen, in die flüssiger Industriemüll wie Kühlwasser oder so abgeleitet wird.

Was unterwegs nicht verdampft und dabei auch noch Abgase oder Schornsteinqualm mitnimmt, fließt irgendwann als hochkonzentrierte Brühe in Meere und Ozeane, in denen durch die Schifffahrtsabfälle sowieso schon genug Mist `rumschwimmt. Das zu entsorgen, ist sogar für die Algen zu viel. Oder warum verirren sich manchmal Wale oder Robben oder andere fremde Tiere zu uns? Oder warum gibt es manchmal ein seltsames Fisch-Massensterben?" Und wie werden die Tiere, die wir so als Braten verfressen, „gesund" erhalten? Ist doch allgemein bekannt, dass die vorbeugend mit Antibiotika und anderem gesund erhaltendem zugedröhnt werden!"

„Ach, deshalb bin ich wohl immun gegen solche Medikamente!? Ist nämlich richtig schwierig, was zu finden, was mir auch hilft, wenn ich richtig krank bin. So `n Mist!"

„Selbst unser supersauberes Trinkwasser ist belastet!"

„Ich denk´, das wird gefiltert und kontrolliert ohne Ende!?"

„Ja, aber alle pullern und entsorgen ihren Stuhlgang, was ja von Leber und Niere aussortierter Körpermüll ist.

Und was da alles drin ist, haben wir doch nun schon geklärt. Abgesehen von dem ganzen Haushalts-reinigungszeug. Das landet nicht nur in den Klärbecken sondern auch im Grundwasser. Das wird wiederum irgendwie zu Trinkwasser, zwar gefiltert, aber auch chemisch behandelt. Oder warum schmeckt das sonst immer so nach Chlor?"

„Manchmal muss es sogar abgekocht werden, weil irgendwelche Krankheitserreger drin rumschwimmen, die mal irgendwer irgendwann in sein Klo entsorgt hat."

„Wenn ich so über mich nachdenke, müsste ich nach dem Verbrennen auch noch sortiert werden. Meine Zahnfüllungen habe ich schon ewig, hoch lebe das gute alte Amalgam. Und die Schrauben aus meiner Wirbelsäule gehören zum Schrott. Da kriegen die wohl auch noch Geld dafür? Für den Sperrmüll habe ich auch noch was. Nach meinem schweren Unfall war mein Hüftgelenk zertrümmert und mir musste ein neues eingebaut werden. Ich glaube aus Keramik."

„Eyh, ich hab` auch noch was. Meine Brüste sind nicht echt. Ist bestimmt nicht gut, wenn man Silikon verbrennt. Stinkt bestimmt nach Plastik und macht irren Qualm."

„Apropos Sperrmüll. Mein Gebiss und die Zahnbrücken kann man dann auch vom Ofenrost aufsammeln."

Alle verstummten, schauten auf`s Grab und dachten über sich nach.

Jemand brach das Schweigen mit der Erkenntnis:

„Wir sind Sondermüll!"

Sorgenfrei

Ich liege auf der Wiese
Ohrenbetäubende Stille umhüllt mich
Nur manchmal ein sanftes Brummen und in der Ferne
Zirpen.
Spüre die goldenen Fäden der Sonne auf meinem
Gesicht
Kleine schwarze Arbeiter schleppen flink ihre
Gewichte über meine nackten Füße
Um mich `rum ein dickes grünes Polster aus Haaren
der Natur
Durchsetzt von bunten duftenden Blütenköpfen
Sich friedlich wiegend zum feinen Atem der Erde
Etwas setzt sich auf meine Nase
Blinzelnd erkenne ich einen wunderschönen gelben
Engel auf der Spitze
Gleich schwingt er seine zarten Flügel
Und taucht ein in das grelle Licht
Ein kleiner grüner Artist ruht sich kurz auf meinem
Bauch aus
Bevor er mit einem kräftigen Sprung im Irgendwo
verschwindet.
Die heiße Glut auf meinem Körper lässt nach.
Vorsichtig öffne ich die Augen ein wenig
Und beobachte das dicke weiße flauschige Gebilde,
das sich langsam an dem Feuerball am Himmel
vorbeischiebt.
Wie ein frisch geschütteltes Kissen schwebt es
weiter
Und ich schließe die Augen wieder

Und phantasiere mich in das kuschelige Etwas,
das mich umschließt,
wie die behütenden Arme einer Mutter sein Kind.
Gedanken versuchen, mich zu erobern
Wehre mich
Heute nicht - Kein Platz
Ein Schutzwall aus Glücklichsein lassen sie nicht
durch
Sie lösen sich auf – in Staub und fliegen davon
Ich liege und genieße die Leichtigkeit

Allein

Einsam in der Menge
Alleine im Gedränge
Wie ein Sandkorn am Strand
Wie `ne Mücke an der Wand
Wie `ne Flocke im Schnee
Wie ein Tropfen im See
Wie ein Blatt an `nem Baum
Wie ein Bläschen im Schaum
Wie `ne Schuppe auf dem Kopf
Wie ein Haar in einem Zopf
Wie `ne Schlaufe im Gewebe
Wie im Weinberg eine Rebe
Wie ein Auto im Stau
Wie `ne Ameise im Bau
Wie ein Grashalm auf der Wiese
Wie vom Wind `ne kleine Brise
Wie `ne Note in `nem Lied
An der Kette `n einzelnes Glied
Wie ein Steinchen im Kies
Wie ein Körnchen vom Gries
Wie `ne Masche im Zaun
Wie ein Mann unter Frau`n
Wie der Zinken an `nem Kamm
In der Herde ein einzelnes Lamm
Wie `ne Borste am Pinsel
Wie ein Klümpchen im Gerinnsel
Wie ein Stein in einer Mauer
Wie ein Graupel in `nem Schauer
Wie `ne Nadel an der Tanne

Wie ein Wasserloch in der Savanne
Wie `ne Pore in der Haut
Ich ganz leise sonst ganz laut
Wie ein Korn im Getreide
`ne einsame Kuh auf der Weide
Wie `ne Flamme im Brand
Wie `n Finger an der Hand
Wie im Körper eine Zelle
Wie im Ozean eine Welle
Wie `n Stern am Himmel
Wie `ne Spore im Schimmel
Wie ein Strahl vom Sonnenlicht
Wie ein Gramm vom Schwergewicht
Wie ´ne Kugel vom Schroth
Bin ich denn
schon tot?

Am See

Ein Tag im August
Und ich habe Lust,
Noch nicht nach Hause zu gehn.
Das Auto lasse ich einfach stehn.
Drinnen ist`s ruhig und ich stehle mich fort
Und ich weiß schon genau an welchen Ort.
Zum See hinterm Feld –
Am Ende der Welt.
Es hatte geregnet, gedonnert, geblitzt –
So sehr war die Atmosphäre erhitzt.
Nach brennender Sonne und flirrender Glut
Tat das Mutter Erde unendlich gut.
Zieh` Schuhe aus, will spüren das Nass,
wenn ich geh` durch das tropfenglitzernde Gras.
Die Pfütze da vorn zieht mich magisch an,
Schlamm quitscht durch die Zehen – wohlig warm.
Geh immer weiter den vertrauten Gang
Am Kornfeld mit Kräutern und Blumen entlang.
Klatschmohn, Kornblume, blühender Klee –
Staune, als ob ich`s zum ersten Mal seh`.
Gleich komme ich an in meinem Idyll –
Ich hör nur Natur, sonst ist es still.
Bin glücklich, fang fast an zu taumeln,
setz mich auf den Steg, die Beine baumeln.
Genieße das Wasser – so herrlich frisch,
so klar, dass ich sehe am Boden `nen Fisch.
Und auf dem See treibt friedlich ein Boot
Im märchenhaft leuchtenden Abendrot.
Mücken tanzen im Dämmerschein,

Libellen mischen sich lustig ein.
Im fernen Wald, man hört es kaum,
klopft noch ein Specht an einen Baum.
Die Kröte im Sumpf da nebenan
Stimmt dazu ihr Abendliedchen an.
Das Schwanenpaar – ein Bild voller Glück –
Zieht sich zur Ruhe ins Schilf zurück.
Familie Ente tut`s ihnen gleich –
Rücken ganz nah zusammen – schön kuschelig weich.
Die Kirchturmspitze hinterm Wald
Versinkt in der Glut, Nacht wird es bald.
Es dämmert und ich muss schon geh`n,
würd` so gern noch bleiben, `s ist wunderschön.
Die Grillen zirpen, die Luft ist lau.
Der Himmel wird nun langsam grau.
‚geh` heim!' ruft mir der Uhu zu.
Ich muss wohl, steh` auf und nehm` meine Schuh`.
Zufrieden mach` ich mich nun auf den Weg.
Schau nochmal zurück: ‚Auf Wiederseh`n, Steg!'
Fast dunkel, seh` nur noch den Umriss vom Haus,
in den Händen ein dicker Feldblumenstrauß.
Seh` ich ihn am Morgen dann neben mir steh`n,
kann ich mit `nem Lächeln zur Arbeit geh`n.
Im Einklang mit mir und mit meiner Welt,
da draußen am See, gleich hinter dem Feld.

Muttertag

Alles Gute zum Muttertag, Schatz.
Hab` extra die schönen Pralinen von Weihnachten
für uns aufgehoben. Du weißt schon, die wir so gerne
essen. Und Blumen kannst du dir ja im Garten
angucken.

Mongn. Alles Gute zum Muttertag. Hast du dran
gedacht, dass ich in `ner halben Stunde zu meiner
Freundin gefahren werden muss? Ich hab` keine
Hose mehr im Schrank. Die bügelst du mir doch noch
schnell!?

Morgen Mama. Alles Gute zum Muttertag und so.
Ach, bevor ich`s vergesse; da hat `ne Katze meinen
Blumentopf `runtergeschmissen. Die ganze Erde
liegt da rum. Ich kann kaum treten.
Musst du dann mal wegmachen.

Wir müssen sowieso saubermachen, Schatz. Heute.

Alles Gute zum Muttertag.

Und morgen wird Papier abgeholt – ist doch schon
gebündelt, oder?
Und hast du schon die Rechnungen bezahlt?
Nicht, dass wieder `ne Mahnung kommt.
Ich würd` gern frische Brötchen zum Frühstück.

Ist ja schließlich ein Feiertag heute. Du könntest doch mal schnell losfahren, bist sowieso schon angezogen.

Alles Gute zum Muttertag!

Mama, was machst du heute zum Mittag?
Und außerdem wär` zur Feier des Tages ein selbstgebackener Kuchen nicht schlecht. Du kannst das doch so gut. Ich brauch auch morgen Geld für die Schule und noch die Unterschrift unter der sechs in Mathe. Die Lehrer sind ja so doof!

Alles Gute zum Muttertag!

Mama, bist du jetzt fertig? Wir müssen losfahr`n. Ach ich brauch noch Blumen für meine Schwiegermutter. Holst du mir noch schnell welche? Kannst dir ja auch welche mitbringen.

Alles Gute zum Muttertag!

Haben die Katzen schon frisches Futter? Und sind die Klo`s schon sauber?

Alles Gute zum Muttertag!

Mama, Schatz, du siehst müde aus. Gönn dir mal Ruhe und mach nicht so viel. Wir brauchen dich noch!

Alles Gute zum Muttertag!

Ferngesteuert

Das Rückgrat so wabbelig wie der allabendliche Pudding für die, die zum Kauen nicht mehr in der Lage sind.

Natürlich hat ihn die schon zwanzig Jahre als Pflegehilfskraft arbeitende Köchin über die Struktur, besonders die der Kollegen, im Heim aufgeklärt. Jedenfalls aus ihrer Sicht betrachtet. Sie ist ja seine Nachbarin und wird sie schon nicht belügen und kann sie nicht zum Feind machen. Ist ja schließlich die Dorf-Info-Zentrale. Er muss es eben glauben, denn er kennt doch noch niemanden. Schließlich ist er sowieso die meiste Zeit mit irgendwelchen organisatorischen Dingen im Büro beschäftigt. Speziell, was die direkte Pflege betrifft, musste ihm beigebracht werden.

Bei einem Wirtschaftsstudium lernt man nichts über Menschen, geschweige denn über Pflege.

Und wer kann das besser als ein Altein-gesessener Wohnbereichsleiter – ehemals Busfahrer, hat aber umgeschult, der Kohle wegen. Der erkannte nun die Chance auf Einfluss und schleimte und garnte und stellte sich unentbehrlich bei dem rückgratlosen Pudding.

Obwohl der Busfahrer nicht gerade beliebt war, weder bei Bewohnern noch bei den Kollegen, musste der Leitungspudding oft auf die Hilfe des Busfahrers zurückgreifen. Ziel erreicht!

Einige Zeit nach Amtsantritt des ortsansässigen Puddings, hatte er sich inzwischen ein eigenes Bild,

allerdings durch die nachrutschenden Infos der Köchin verzerrtes, Bild machen können. Doch leider war er durch Köchin und Busfahrer so beeinflusst, dass er regelmäßig seine Gedanken das Klo runterspülte. Und vor allem bei personellen Entscheidungen war er dessen Sprachrohr, Entscheidungen, die die anderen zweiunddreißig Angestellten entsetzen ließen. Aber keiner sagt was. Im Gegenteil. So gut wie hier verdient man doch nirgends! Also halten wir lieber den Mund und schwimmen mit in dem zähen Schleim. Der Neuen wurde diese Strategie auch nahegelegt.
„Fresse halten, Scheuklappen auf und arbeiten!"
Geht aber nicht. Man kann doch nicht jemanden mit fast fünfzig Jahren umkrempeln und noch dazu verlangen, plötzlich an den lieben Gott zu glauben. Besonders, wenn gesagt wird, dass es doch nur um die Kirchensteuer geht.
Was für eine Heuchelei zum Wohle des Arsches, der da gerettet werden will. Schamgefühl? Stolz? Unbekannt.
Armes Evangelium!

Aber ohne die Neue. Wozu gibt es sonst die gesetzlich verankerte Glaubensfreiheit!? Interessiert keinen. Nicht mal die Kirche selbst, denn es geht ja doch nur um den „kleinen Obolus". Oder wovon können kirchliche Einrichtungen Höchstgehälter zahlen? Wo bleibt die so hoch gepriesene Enthaltsamkeit? Und die Gleichheit aller Menschen vor Gott?

Die Köchin schmiedet Intrigen gegen die neue Kollegin, die einfach nicht so spurt, wie sie es will. Die Neue kümmert sich doch tatsächlich um die individuellen Bedürfnisse der Bewohner, statt um die Fussel, die sie beim letzten Bettenmachen auf der zugestellten Scheuerleiste vergessen hat! Und dann weist die Neue auch noch den Busfahrer auf eine unverantwortliche Unzulänglichkeit derer hin!

Die Neue ist zwar bei allen Kollegen und Bewohnern sehr beliebt, was Köchin und Busfahrer auf keinen Fall auf sich sitzen lassen können. Also muss eine Krisensitzung, mit dem Chef-Pudding unter sechs Augen, und der Gemütlichkeit wegen mit Kaffee und Kuchen, her.

„Die Neue ist nicht dumm und könnte uns gefährlich werden!" Dann die Idee!

„Die ist doch sowieso nur befristet eingestellt. Die werden wir schon los. Und wir brauchen nicht mal eine Begründung. Genial."

„Aber bevor wir ihr endgültig Bescheid geben, lassen wir die noch laufen. Schließlich sind doch so viele Kollegen krank." Sie verabschiedeten sich siegesbewusst und mit einem Plan im Kopf.

Heilige Dreieinigkeit!

Und die Neue wird erstmal versetzt – natürlich zu den Schwerstpflegebedürftigen – den Stiefkindern des Heims. Die kosten am meisten Geld und merken nichts mehr.

Wie menschlich, christlich!

So weit, so schlecht.

Die Neue war nur am malochen, über dreißig Stunden in einem Monat zusätzlich kamen zusammen! Ihr machte dies nichts aus, ist, wie bei der Einstellung versprochen, extrem belastbar und wollte sowieso Vollzeit arbeiten. Nun war es an er Zeit für eine Entscheidung, wegen der Befristung.
Natürlich war die Neue gespannt wie ein Flitzebogen, wurde aber von allen ihr zugetanen Kollegen beruhigt. „Du leistest gute Arbeit und es sind so viele von uns krank. Was soll da schon passieren...."
Und doch fuhr sie mit gemischten
Gefühlen extra an ihrem freien Tag zu dem schon dreimal verschobenen Termin mit dem Chef-Pudding.
Das Gespräch dauerte nur fünf Minuten.
„Bla, bla bla.... Sie haben zwar sehr großen Einsatz gezeigt und ich schätze ihre Flexibiltät, aber letztendlich habe ich mich doch gegen eine Weiterbeschäftigung entschieden. Weil sie „nicht reinpassen""". Die Neue saß trotz Ahnung wie vom Blitz getroffen da. Sie konnte nichts sagen und nicht aufstehen. Wo sie doch zwei Tage vorher auch noch bereitwillig `ne Sonderschicht geschoben hat. Ein Sonntag! Und das nur einen Tag nach dem letzten von sieben Nachtdiensten.
Sekunden des Schweigens später, die ihr wie Stunden vorkamen, stand sie auf und hatte vor zu gehen. „Aber „nicht hineinpassen" ist doch keine Begründung!" Der Pudding zuckte nur mit den

Schultern. Schließlich braucht man auch keine, wenn ein befristeter Vertrag ausläuft.

Chef: „Auf Wiedersehen."

Die Neue: „Ganz bestimmt nicht Tschüss!"

In einem Zustand des Enttäuschtseins, unendlicher Trauer und maßloser Wut stieg sie ins Auto und raste vom Hof. Auf dem nächsten Parkplatz hielt sie an. Sie konnte vor Tränen die Straße nicht sehen. Sie heulte nun erstmal vollkommen unbeherrscht alle Gefühle aus sich raus, bevor sie eine Nachricht „Daumen nach

unten" nach Hause schickte.

Köchin und Busfahrer haben `s also doch geschafft. Sie sind die Neue los.

Das mit dem „Fresse halten, Scheuklappen auf und arbeiten", ist einfach nichts für die Neue.

Nach ein paar Tagen Wut und einigen Bewerbungen kam ein Superjobangebot: Die alte Neue wird wieder `ne Neue. Dazu noch die Option zur Ausbildung zur Fachkraft und vielleicht auch noch weiter. Jetzt kann sie endlich zeigen, wozu sie in der Lage ist. Und wenn alles geschafft ist, bekommt der Pudding Post. Inhalt:

„Bestandenes Examen zur Pflegefachkraft."

Und zur Krönung:

„Zertifikat mit Abschlussprüfung zum Pflegedienstleiter"

Und zum Trotz:

„Bestandene Prüfung der Weiterbildung als Geschäftsführer"

Durchgefallen in dem Fach:
„Fresse halten, Scheuklappen auf und arbeiten"

Du!

Wenn du schreien willst – schreie!
Wenn du weinen willst – weine!
Wenn du rennen willst – renne!
Wenn du fluchen willst – fluche!
Wenn du schlafen willst – schlafe!
Wenn du reden willst – rede!
Wenn du schweigen willst – schweige!
Wenn du stark sein willst – sei es!
Wenn du kraftlos bist – ruhe!
Wenn du wütend bist – brülle!
Wenn du allein sein willst – schick alle weg!
Wenn du zweifelst – schaue in den Spiegel!

Da bist DU – dein Mittelpunkt!

Zustand

totale Leere füllt mich aus
Warum?
weiß nicht
alles egal
Andere?
interessieren mich nicht
Mein Mann?
jedes Wort geht mir auf die Nerven…
und seine Stimme
die Kinder…
wollen nur Kleinigkeiten
zu viel
alles ist zu viel
sogar ich mir selbst
möchte aus mir rauskriechen
weglaufen
frisch und lustvoll wiederkommen
Sex
wozu?
Begehren
lästig
lasst mich in Ruhe
einkaufen?
wovon?
essen?
Nudeln mit nichts
mal wieder
        na und
den Magen füllt`s

Blumen
im Hof
die Köpfe hängen
vielleicht gieß ich sie morgen
vielleicht auch nicht
Telefonklingeln
permanent
überhöre es
bestimmt Banken
warten auf ihr Geld
soll'n sie
Konto ist hoffnungslos leer
kenne es nicht anders
hoffnungslos
mein Zustand?
kein Licht
Zustand hängt auf mir
droht, mich zu erdrücken
gelähmt
kann nicht entkommen
soll Zustand verändern
wie?
kann nicht
bin leer
Augen, Herz, Kopf
leer

Nachdienst – Samba

21 Uhr. Übergabe.

„Im Spätdienst waren alle wie immer. Bis auf Rudi – der hat`s übertrieben und ist wieder aus seinem Rollstuhl gerutscht. Sein inzwischen buntes Veilchen an der Stirn ist zu einem dunkelblauen Einhorn – Horn mutiert. Sonst geht es ihm gut. Und Klaus hat ein paar Abführtropfen bekommen – hat schon seit vier Tagen nicht mehr. Naja, ist dann eher zur Freude der Frühschicht….."

Wir zwei Nachteulen, meine Kollegin und ich sahen uns an. ‚Also, Handschuhe, Tüte, Waschlappen und Papier – viel Papier bereithalten', aus Erfahrung. Danke Spätdienst, denn die Auswirkungen der Tropfen kommen garantiert auf uns zu. OK. Heißt für uns – Kitteltaschen auffüllen.

„Ach so, fast vergessen. Die Lisa ist total daneben. Noch mehr als sonst. Weiß nicht mehr, wozu ihre Beine da sind. Wir haben ihr einen Rollstuhl organisiert. Und Peter mussten wir gefühlte hundertfünfzig Mal aufs Klo setzen – Pipi. Aber vielleicht habt ihr Glück. Er ist jetzt schon `ne ganze Weile ruhig."

Ich sehe Kerstins Gedanken kreisen, wie ein rotierender Heiligenschein.

„Ruhige Nacht!" kann auch nur jemand wünschen, der noch nie Nachtdienst geschoben hat. Weg sind sie…. Grund für den ersten noch heißen Kaffee – frei von Aroma und gutem Geschmack. Naja, wirken soll er. Wir schmieden unseren Nacht-Schlacht-Plan.

Denn außer den Rundgängen durch die 50 Zimmer auf zwei Etagen hat jeder noch seine Spezi – Aufgaben. Und wehe, die sind nicht gemacht. „Schließlich schlafen doch nachts alle."

Zitat Tagdienst. Haben alle keine Ahnung. Umsonst habe ich die Laufschuhe nicht an.

Und Los!

Da wäre zuerst Ehepaar Müller. Beide schwerhörig, jeder ein eigenes Zimmer, nebeneinander und dazwischen ihr Gemeinschaftsbad. Schon vor der Tür – Lagepeilung. Fernseher auf Maximallautstärke – keifen sich die beiden heute noch lauter an.

‚Was ist denn hier los?! Sonst schläft sie doch immer schon im Sessel ein!' Schnell die zwei trennen – Fr. Müller schafft mit Rolli ca. 25 km/h, noch Pipi und ab ins Bett und Ruhe!

Zwischenzeitlich hat auch Kerstin ihre erste gute Tat vollbracht und Erwin, der im Erdgeschoss immer noch fernsehen darf bis den Nachtdienst kommt, rituell ins Bett geleitet. Sein Urinbeutel, der schon aus dem Hosenbein guckte und zu entkommen drohte, war zum Zerbersten voll!

Keine Zeit? Keine Lust? Vergessen? Was soll's. ‚Kann doch mal passier'n.' (Sollte aber nicht!)

Er liegt. „Hängt die Bettbedienung auch richtig? Wo ist der Urinbeutel? Leuchtet die Stehlampe auch drauf? Ich muss doch gucken, ob der Beutel voll ist! Und meine Taschenlampe! Meine Taschenlampe muss ich haben!" Ja, ja und nochmals ja und gute Nacht!

Schnell noch den Friedrich drehen. Liegt sowieso im gleichen Zimmer. Atmet er überhaupt noch? Wo es ihm doch so schlecht geht? Der Brustkorb ist in Bewegung – Gesicht erstarrt, Mund offen – also drehen. Zu zweit, inzwischen bin ich dazu gekommen, denn einer allein mit erleidet „Friedrichdrehen" früher oder später einen Bandscheibenvorfall. Das will doch nun wirklich niemand.... Geschafft!

Jetzt haben wir uns aber eine Altenpflegekraftschnellrauchzigarette verdient. Selbst gestopft, wenig Tabak, in maximal zwei Minuten geraucht – aus Zeitmangel.

Schluck Kaffee zum Spülen, iiihhh – war der kalte vom Nachmittag! und auf zur ersten Etappe der ‚Tour de Waldhaus'. Noch`n kurzer Bauchtaschencheck: Telefon, Händedesi, viele Handschuhe – alles da – kann losgehen.

Kommando zurück – markdurchdringendes Klingeln in der Tasche. Das „Flaschenzimmer" – hab nichts Anderes erwartet. Ist ja schließlich volle Stunde. Moment – es ist doch aber Nacht und er sollte schlafen, oder hat er inzwischen den ‚Rhythmus im Blut'!? Vor allem wo wir gerade am anderen Ende des Hauses sind.....

Na gut, ich mach mich auf den Weg nach oben, natürlich per Treppe, da nachts der Fahrstuhl wegen Steckenbleibgefahr tabu ist. Kerstin fängt unten schon mal mit „Zimmergucken" an. Da ist nur ein Kontrollblick nötig, bei noch einigermaßen selbständigen noch nicht total dementen Insassen. Oben angekommen – schnell erstmal die Notklingel aus. Lage peilen bei Dämmerschein – das Licht vom Gang reicht aus. Kurtchen zum ersten – „brauch' die

Flasche!" „Aber sicher, kommt sofort" – bevor er ins Bett pullert gehorche ich lieber. Und wenn ich einmal da bin, frage ich Anton vorsichtig auch gleich nach seinem Bedürfnis. „Nee, muss nicht." Augen zu. OK, kann ihn ja nicht zwingen. Inzwischen ist Kurtchen fertig – drei Tropfen in der Ente! Kaum zu erkennen! ‚Tief durchatmen, hat ja schließlich Prostata' – und schnell zurück zu Kerstin. Die hat inzwischen dem Lieschen die Nachtspritze verpasst und sie von ihrer beinahe überfüllten Windel befreit. Ein beißender Geruch liegt in der Luft und kurz bevor unsere Augen anfangen zu tränen, hat die Liese ‚n frisch verpacktes Popöchen – bei neunzig Kilo Fliegengewicht – und wir verlassen das Lokal mit einem gefühlten fünf Liter schweren Windelpaket, das wir schnellstens in dem dafür zuständigen Sack versänken. Oh, Mann – da liegt noch die letzte Ausbeute vom Spätdienst drin und dampft vor sich hin! Meine Herr'n, da ist ja Lieschen harmlos dagegen! Jetzt tränen mir die Augen wirklich! Strategie für's nächste Mal: tief Luft holen, Sack auf, Windel rein, Sack zu, weit weglaufen, atmen. Kerstin warne ich lieber vor, sonst liegen nachher nicht nur Windeln in dem Sack – bei ihrem empfindlichen Magen zur Zeit. Schwanger? Weiß nicht und sonst auch keiner. Ansonsten wäre die Nachtschicht inkl. aller Vorteile passe'. Hat sie mir verraten. Aber wem sagt sie das.....
Die nächste Bewohnerin schaffe ich allein, und ich weiß, was mich erwartet. Leise, ohne Licht, nur das vom Flur, damit sich Frau Kaiser nicht erschreckt,

dann flippt sie nämlich aus, tippe ich sie vorsichtig an. „Guten Abend, Frau Kaiser. Ich muss nur schnell ihre Einlage wechseln. dann bin ich wieder weg."
„Können sie das denn? Wer sind sie überhaupt?"
Jede Nacht die gleichen Fragen.
Die Antworten auch. Sie lernt mich jede Nacht auf's Neue kennen – Demenz. Fortgeschritten.
‚Geduld ist das, was hier am meisten zählt –
sonst hast du den Beruf verfehlt.' ‚Ab und zu `ne Rauchpause, wenn' s zu dement wird, hilft auch zuweilen.
Da war es wieder – das Klingeln! in der nächtlichen Stille. Diesmal Kerstin. Oh weh!
„Komm schnell her, die Hilde! Bring süßen Saft, Blutzuckergerät und Blutdruckmesser mit!"
Im Laufschritt sammle ich alles ein und – Hilde geht es scheiße. Flinke Finger sind gefragt. Hilde ist kalt, blass, zittert und der Schweiß läuft ihr die Haare herunter. Der Zucker ist am untersten Limit! Der Blutdruck auch! Schnell den eklig süßen Saft – hab noch Traubenzucker reingerührt – und hinein in die Hilde! Beine hoch und abwarten. Kerstin bleibt bei ihr. Ich mache schon weiter und lasse die Tür offen. Falls ich noch was bringen muss und keine Hand mehr für die Türklinke frei habe.
Die nächste „Überraschung" war allerdings Käthe. Windelwechsel – juhu! Käthe – dürre, steif und genauso bockig. Bei ihr nimmt man die Brille besser ab. Sie kiekelt gerne mal mit ihren arthroseverbogenen Fingern in anderen Gesichtern, Brüsten und Armen sowieso `rum.

Einzige Chance – schneller sein. Heute? Geht nicht – leider. Warum? Nur ein winziger Luftzug durch die minimal geöffnete Zimmertür verschlug mir fast den Atem. Da war wieder dieser furchtbar beißende Gestank, der, von vorhin.

„Oh, nein!" – Kerstin stand hinter mir. Die war jetzt noch blasser als Hilde vor dem Saft, der ging es übrigens wieder gut. Na, zum Glück! Aber Kerstin…. Ich hab` sie weitergeschickt, todesmutig, sonst hätte ich sie vielleicht auch noch wiederbeleben müssen.

Also bin ich mit Antistinkvollausstattung gestartet. Das wichtigste: Pflegeschaum. Riecht gut und ist stärker als jede Kacke. Dazu `ne Tüte, Handschuhe – ganz wichtig, `ne neue Windel und – die Brille ab. Jap – Tür auf und an was Schönes denken. Käthe schlief nicht, nein, sie war zwar nicht in der Lage, den Notknopf zu drücken, aber irgendwie hatte sie ein eigenes Gespür für Zeit. Sie guckte mit großen Augen aus tiefen Höhlen und fletschte mir, ihren Popo wälzend, ihr schönstes zahnloses Lächeln entgegen. Irgendwie nett. Jedenfalls kämpfte ich mich tapfer durch die undurchdringlich erscheinende Wolke zu ihr ans Bett. Unwillkürlich kamen mir Erinnerungen an Dornröschens Dornenhecke. Mein erstes Ziel – das Fenster! Auf! Alle! Ganz weit! Dann – mit allem rechnend hob ich die Bettdecke hoch und – tolle Überraschung! Die „Ursache" machte sich bereits auf dem Stecklaken breit. Ich eröffnete das Feuer mit Pflegeschaum – ganz viel. Von Käthes Mitte war nichts mehr zu sehen. Von ihrem süßen

Lächeln auch nicht. Half nichts. Mit viel Papier befreite ich sie von ihrem Inhalt gemischt mit Schaum. Das Laken allerdings war nicht mehr zu retten. Mitsamt Papier, Schaum und naja nahm ich es unter ihrem knochigem Popo weg und schob gleichzeitig ein Handtuch drunter. Ohne Wasser ging hier gar nichts. Fertig. Klingt nach Kunst und zwanzig Händen. Haha, nee, zwei Hände und Übung. Jeah, hat geklappt. Handschuhe aus, Tüte zu, Fenster kippen und eine friedlich lächelnd schlafende Käthe im Bett. Ich erinnere mich wage an Kerstin. Noch nicht ganz zu Ende erinnert, zerstört das Telefon als Wiederholungstäter die nächtliche Ruhe.

Gerda, obere Etage. Warum? Was hat sie? Klingelt doch sonst nie! Ich geh` mal schnell gucken. Treppe hoch. Von irgendwo hör´ ich Schritte. Kerstin, zum Glück `nur` Kerstin in dem Fall. So kann man sich also auch wiederfinden. Freude auf beiden Seiten. Wir gehen zusammen zu Gerda. Das kleine Lämpchen brennt und sie sitzt da und kämpft mit ihrem Nachttisch. „Der steht nicht genauso wie sonst! Ich werd` noch verrückt!" – mit Tränen in den Augen. Wir sahen uns an, ich schweißnass, sie immer noch so blass.

Worte waren nicht nötig. ‚Nur deshalb drückt sie die Notklingel!?' Kurz Luft holen und wir stellten ihr das Nachtschränkchen so hin „wie immer".

Schon war sie glücklich und zufrieden im Land der Träume.

‚Das sind also Probleme vierundneunzigjähriger dementer Leute. Schön eigentlich.....!'

23 Uhr. Unsere Zungen kleben am Gaumen, die Lippen kräuseln sich. Sämtliche Körperflüssigkeit scheint sich am Rücken oder diversen Falten gesammelt zu haben, um dann gleichzeitig in Bächen am Körper herunterzulaufen. Hilft nur auffüllen. Inzwischen hat auch mein Magen den Notknopf gedrückt. Aber statt Klingeln bringt er nur ein mürrisches Knurren zustande. Ich vertröste ihn auf später mit einem versprochenen Festmahl. Vorfreude – schönste Freude. Scheinbar ist er aber anderer Meinung, denn seine Antworten werden immer deutlicher.

Ein paar Zimmer und volle Windeln haben wir noch vor uns. Einer guckt links, der andere rechts und dann – stehe ich mitten in einer gelben Pfütze! Auf dem Tisch liegt die trockene Windel, aber wo ist Anneliese? Der Spätdienst hat gesagt, sie sei so schwach gewesen, dass sie im Rollstuhl gefahren werden musste....! Und nun? Sind wir etwa im Eifer des Gefechts und Nachtdämmerbeleuchtung an ihrem Lieblingsnachtsitzundweiterschlafplatz – die große Couch in der Sitzgruppe - vorbeigerauscht? Weit kann sie nicht sein und ich muss erstmal aus dem See waten und mit ganz viel Papier und Desilösung das Unglück beseitigen.

Kerstin geht solange auf die Suche. Und tatsächlich, Sitzgruppe stimmt, aber scheinbar ist ihr die Couch zu langweilig geworden, denn diese Nacht hatte sie sich den schönen neuen Hochlehner zum Entspannen ausgesucht und schnieft zufrieden vor sich hin.

Naja, ist ja am Tag auch ständig besetzt…. Aber wie hat sie ohne Sturz den langen Gang geschafft? Sie muss wohl vergessen haben, dass sie eigentlich zu schwach zum Laufen war….. Hat Vergessen doch was Gutes. Wir wecken sie sachte und erkunden ihren Körper. Weder Beulen, blaue Flecken, noch Schürfwunden – nichts zu sehen. Schwein gehabt – sonst wäre auch noch `n riesen Sturzprotokoll fällig gewesen oder noch schlimmer – Notarzt.

Aber, alles gut. Sie untergehakt wollten wir mit ihr Richtung Anneliese-Zuhause laufen. Doch schon bei den ersten Schritten ein verdächtiges Quitschen zwischen uns, Schritt – Quitsch, Schritt – Quitsch…… Anneliese!!! Sie hatte es vorhin einfach laufen lassen! Und natürlich auch in ihre Hausschuhe. ‚Wie hat sie die überhaupt angekriegt?' Schuhe aus! Und barfuß weiter. Hieß für uns – Bauch abwärts waschen. Erledigt. Schlüpper an, Vorlage rein und ab in die Koje!

Kaum drin, schläft sie schon. Schnell noch den Boden wischen und Ersatzschuhe suchen.

Und der schöne neue Sessel? ….. Hat `ne Stuhlauflage, juhu! Ein bisschen Glück hatten wir wohl jetzt verdient. „Soll erfüllt" für diese Schicht? Eigentlich schon. Kerstin und ich geben uns `ne schwache Handschuh – „Fünf".

Zur Belohnung gönnen wir uns eine „Schnell-Rauch-Kippe".

Och nee! Die Kitteltaschen klingeln schon wieder! Kerstin und ich wetten. UUUnd? Ich hatte Recht und

Kerstin muss hingehen. Die Linda wars. Hat ja schließlich noch gefehlt.

Ich nutze die Chance und entledige mich meines enormen Blaseninhaltes. Boah, sogar der Brustkorb senkt sich. ‚Ich denk, ich hab` alles ausgeschwitzt!?'

Kerstin ist wieder da. Ging ja schnell. Linda wollte nur die Uhrzeit wissen, aber einmal damit angefangen, kann sie das die ganze Nacht pünktlich alle halbe Stunde durchziehen. Wie ein Uhrwerk. Jippieh!

Mitternacht und noch so viel zu tun! Kerstin muss noch Medikamente vorbereiten, ganz abzusehen von dem ganzen schriftlichen Sums. Für mich gibt es noch jede Menge zu putzen und Schränke aufzufüllen und nach der Klingel laufen.

Noch eine Stunde, dann Bewohner lagern und dann endlich Pause. Armer Magen. Knurrrrr!

Mein Mund entwickelt sich zur Tropfsteinhöhle bei dem Gedanken an unser extra aufgehobenes Festmahl. Salat vom Abendbrot, mmmmh, und Torte – Christina hatte Geburtstag. Und die Kollegen haben sogar an uns gedacht. Danke, liebe Kollegen. Hoffentlich können wir nachher auch genießen – ohne klingeln!

Aber vorher noch Wanne schrubben. Warum ist die gelb? Und warum geht das nicht ab? Hole mir alles Mögliche, was irgendwie wirken könnte, ran.

Da hätten wir `n Topfkratzer, Scheuermilch – nichts. Backofenspray, jawohl! Letzte Instanz. Der schafft auch das vermeintlich Unmögliche. Und tatsächlich, nach und nach erhellt sich das Objekt.

Dafür färbt sich allerdings mein Gesicht immer dunkler, dunkelrot, und der Schweiß tropft mir von der Brille in die frisch geputzte Wanne! Stirn abtupfen. ‚Jetzt sieht die Wanne wieder aus wie eine Wanne und nicht wie Fäkalienbecken! Ich bin stolz auf mich! Nur noch die Handtücher auffüllen. Aber womit? Keine im Regal! Na toll!
Jetzt muss ich auch noch auf den Dachboden!'
Da ist die Wäschekammer und hoffentlich auch noch ein paar Handtücher!
Ist schon nicht ohne – so in der Nacht, auf dem Dachboden, alleine. Welche Tür war das doch gleich? Klar lande ich erstmal in der Rumpelkammer. Falsche Tür erwischt. Aber viel interessanterer Inhalt. `ne riesen Fläche vollgestellt mit ungenutztem Zeug. Hier könnte man stundenlang stöbern, wenn man Zeit hätte. Merk ich mir für irgendwann. Nun aber schnell noch die Handtücher suchen. Und – keine da. Pech gehabt, Frühdienst. Muss ich nur übergeben, sonst – Böser Nachtdienst! Auch erledigt. Kurz vor 1 Uhr. Zeit zum Betthäschendrehen. Gisela, Klaus, Fritz und Isolde – kein Problem. Dann Tür fünf. Zuversichtlich öffne ich die Tür und hebe die Bettdecke an, wie bei allen anderen. Aber hier….
Reni hat`s wieder getan! Bei ihr funktioniert nichts mehr, außer der Hände. Hab`s schon geahnt, als ich reinkam und ihre Hände nicht zu sehen waren. Warum? Na, so `ne Windel, voll gepullert, in viele kleine stinkende Flöckchen zerteilen, ist doch `ne schöne Beschäftigung bei Langeweile! Mist! In der Hoffnung, dass Isolde nicht gerade in diesem

Augenblick ihrem Harndrang nachgibt, sortiere ich die olle Windel und ihre Bestandteile aus dem Bett. Schnell `ne frische dran – Glück gehabt. Alles trocken überstanden. Über alle vier Backen mit ihrem Kuchenzahnlächeln und ihrem unwiderstehlichem „Ich hab dich lieb"- Blick guckt sie mich müde und zufrieden an. Da muss ich sie einfach nur knuddeln und alles ist vergessen. Kann ja nichts dafür. So, noch auf die Seite drehen und – Pause.

Scheinbar sind wir gerade in der allgemeinen Tiefschlafphase – das Telefon – ruhig. Nicht, dass ich es vermisse, aber ich hatte mich gerade an den Kitteltaschenterror gewöhnt. Jetzt – das große Schlemmen. Aber vorher noch ein Zigarettchen. Kann Kerstin Gedanken lesen? Gerade als ich sie anklingeln wollte, kommt sie um die Ecke. Unsere Blicke verrieten ‚Und endlich eine rauchen!' Auf dem Hof, die Luft ist ungewöhnlich lau für April, und die sanfte Ruhe – Erholung pur. Meine schweißnassen Haare trocknen langsam und das Zuviel an Farbe in meinem Gesicht zieht um in Kerstin ihr`s. Sie hat nun auch rosa Wangen. Und da kommen auch schon unsere heimeigenen Katzen angeschnurrt.

Halt, da ist ja noch ein grünes Augenpaar mit kohlschwarzem Fell drumherum. Wer ist denn das? Besuch? Und auch noch fast viereckig! Da sind mindestens drei Babys im Bauch. Na hoffentlich hat das schwarze Viereck ein zu Hause. Sonst…. Keine Ahnung. So, noch schnell alle durchkraulen und für uns steigt das große Fressen. Wenn, ja wenn da nicht das Telefon wäre. Irgendwann kommt der Nervtöter zu den Fischen!

OK.---------------- Bewohner gehen vor und ich eine Treppe höher. Eins unserer Flaschenkinder hat ein gaaanz dringendes Bedürfnis. Na klar – der Anton. Vorhin wollte er nicht und jetzt – „muss mal Pipi!" „Flasche wird sofort geliefert!" Hätte beinahe noch die Hacken zusammengeknallt. Aber wenn ich schon mal da bin, überrede ich Kurtchen, auch gleich noch sein Fläschchen zu füllen. Das kann dauern. Weil mein Magen klingt wie ein schweres Unwetter, gehe ich mit dem Hinweis auf die Klingel bei erfolgreicher Erledigung, erstmal zu Kerstin. Die hat uns inzwischen den Tisch schön gedeckt, sehr einladend, und verkostet seelenruhig und mit Genuss den Salat. Ich bat sie, mich nachher an die Flaschen zu erinnern und schaufelte endlich mit. Mmmmmh! Nicht mal die Brühe bleibt übrig. Eigentlich satt, fällt mein Blick auf die Torte. Sie scheint immer näher zu rücken und verführerisch zu flüstern: ‚Nimm mich!'. Unwiderstehlich – die Zarte. Und ich kann einfach nicht anders. Hinein in den Schlund und ab in die unergründlichen Tiefen meines Magens. Der herrlich duftende Kaffee perfektioniert das Mahl. Ich glaub, mein Magen sieht das anders. ‚Mann, ist mir schlecht! Bloß jetzt nicht bewegen, sonst schwappe ich über.' Ein paar Minuten Beine hoch und Augen zu für beide. Keine Lust auf Unterhaltung. Hatten wir schließlich bis jetzt schon reichlich. Noch nicht ganz fertig gedacht, beginnt es in meiner Peristaltik gehörig an zu blubbern. Der Magen öffnet seine Schleusen und jagt alles Richtung Darm: ‚Soll der sich doch d`rum kümmern!' Recht hat er.

So, noch aufräumen, eine rauchen und auf zum letzten Gefecht.

Und – bing – fallen mir Anton und Kurtchen wieder ein! Warum haben die nicht geklingelt?! Scheuen doch sonst nicht davor zurück! Also Lage peilen. Zuerst nach oben. Kerstin lässt solange schon mal den Salat wieder aus ihr raus. ‚Ob`s ihr auch so übel war?' Egal, ich muss die zwei von ihren Flaschen befreien.

Oben angekommen, sehe ich Friedchen auf ihrem Rollator vor ihrer Zimmertür sitzen. Ganz hinten im Gang. ????? Vertröste sie vorerst von weitem auf gleich.

Anton und Kurtchen dagegen – seelenruhig schnarchen sie vor sich hin. Langsam stibitze ich ihre Flaschen und – es folgt ein Kanonschnarchkonzert. Alles gut also. Zum Glück hören sie sich nicht gegenseitig. Manchmal hat Schwerhörigkeit doch auch was Gutes.

Nun aber schnell zu Friedchen. Sie erzählt mir, dass sie eigentlich auf`s Klo wollte, aber im Flur gelandet ist, die Tür plumpste hinter ihr zu und – blieb es auch. Natürlich hatte sie ihren Butten drin. ‚Hat der Spätdienst wieder nicht entriegelt!'

Friedchen wohnt nämlich noch nicht so lange hier und muss sich erst zurechtfinden. Ich schreib nachher nochmal einen Hinweis ins „Große Buch für alle". So, schnell die Tür auf und entriegeln, damit Friedchen endlich pullern kann und dann ab ins Bett.

Ich musste nun hurtig zu Kerstin, die mich schon als vermisst melden wollte. Da habe ich ihr erstmal das Dilemma – natürlich wunderschön lustig aufgepeppt geschildert und mussten aufpassen, dass die Bewohner nicht auch noch von unserm Gekicher wach wurden.

3 Uhr. Nochmal tief Luft holen, Tränen wegwischen und los geht`s. Die untere Etage mit mehr als zwanzig Zimmern, teilweise doppelt belegt, hatten wir ohne klingeln und besondere Vorkommnisse überstanden. Sogar Linda war mit nur einer Zeitansage zufrieden. Dasselbe oben nochmal und wir wären glücklich gewesen. Naja, man kann ja mal träumen. Doch peng! – Traum geplatzt. Sahen wir doch schon durch die Etagenglastür einen nackten Vollmond vom Aquarium – das war neu – her leuchten. „Wie, zum Donnerwetter, hat Ludwig ohne Rolli bis dahin geschafft!?" „Und wo ist die Windel!?" Kerstin ging in sein Zimmer und, was sonst, braune Windel, braunes Bett, braunes alles......

Sie kam zu uns, inzwischen ihr Gesicht wieder typisch verdächtig blass, machte sie ihre „Kriegsberichterstattung". Und ich hatte schon längst erkannt, aber nicht nur farblich, dass der Vollmond doch nicht so schön leuchtete.

Arbeitsaufteilung geklärt. Sie übernahm Ludwig, der immer wieder von vorn anfing, die Fische zu zählen, sich aber nebenbei ohne sein sonstiges Gezicke waschen ließ. Er konnte nämlich sehr laut und bisweilen aggressiv werden. Dann half nur autoritär und schneller sein.

Ich bewaffne mich wieder mit Handschuhen, Desi-
Lösung und frischer Bettwäsche und machte mich
zügig ans Werk. Schließlich war die Nacht noch nicht
rum, Ludwig musste wieder ins Bett und seine
„Eisbeine" auftauen. Und wer weiß, was uns noch so
erwartet. Inzwischen stellen wir aber Rekorde in
Leute waschen und Betten beziehen auf. So, noch
ordentlich durchlüften und Ludwig kann seine
„Schlafendetappe" im schönen sauberen Bett, frisch
gewaschen, gewindelt und umgezogen, bestreiten.
Ansonsten ging für uns auch die Obergeschossrunde
glimpflich aus.
Fast geschafft! Jedenfalls diese Nachtschicht. Wir
selbst waren es schon nach dem ersten Rundgang.
Nur noch dokumentieren, dank des technischen
Fortschritts natürlich per PC. Aber vorher noch `ne
„Dünngestopfte". Ich schmeiß schon mal den
Frühdienstkaffee an und tippe, was das Zeug hält.
War früher per Hand irgendwie einfacher. Aber –
heute ist nicht früher. Also schnell vergessen.

5.30 Uhr, die Schichtleitung war bereits da und
bereitete die Frühschichtmedis vor, sind wir mit
allem durch. Jippieh!
Nach und nach trudelten mit zerknautschten
Gesichtern und hochmotiviert die anderen
Frühdienstler ein.
Wir berichteten nun die nächtlichen Ereignisse,
durchgeschwitzt, Augenringe bis zum Kinn und die
Frisuren schon lange nicht mehr das, was noch vor
der Schicht waren.

Kommentar vom Frühdienst: „Also, wie immer."
Kerstin und ich sahen uns ungläubig an und schlichen mit einem schwachen „Tschüss" davon.
Mein letzter Gedanke: ‚Möge der Frühdienst genauso schön „ruhig" wie immer sein!'

Abgrund

Kleine klebrige Händchen an dünnen Ärmchen
streicheln ihr über das aufgequollene Gesicht.
Sie schiebt sie weg und lallt irgendwas von schlafen.
Auf dem von Zigarettenglut zerlöcherten Sofa in
dem Loch von Zimmer, in dem noch niemals
Tageslicht durch die stinkenden verstaubten
Vorhänge gedrungen war.
Es ist Herbst, neblig, grau, kalt, aber das weiß sie
nicht. Sie friert nur und zieht sich die klamme alte
Wolldecke noch weiter über den verlausten Kopf.
Für eine Weile betäubt, ohne Sorgen.
Vollrausch. Glück gehabt, niemand hat gesehen, wie
sie die Flasche billigen Schnaps unter ihrem einzigen
inzwischen viel zu großem Pullover versteckt hat. Die
paar Münzen in der Hosentasche haben nur noch für
zwei alte Brötchen vom Vortag gereicht.
Drei, vier Kippenstummel hat sie sich aufgesammelt.
Zitternd wie eine Gejagte fand sie nun um sich
schauend, taumelnd den Weg nach Hause. Einen
Schlüssel hat sie nicht, braucht sie auch nicht, die
Tür zu dem Loch hat nur eine Klinke. Und außer
Armseeligkeit und Dreck und einem völlig
unterentwickelten Wesen ist dort sowieso nichts zu
finden. Ein Klo? Ja, auf halber Treppe, kalt,
Plumpsklo. Wasser? Manchmal und nur kaltes. Aber
Strom gibt's und eine nackte vergilbte Glühbirne
erhellt das Loch nur unwesentlich. Ein bisschen
Wärme vom brandgefährdeten Nachtspeicherofen
lässt sie nicht erfrieren. Nicht in der Lage, was

anderes zu suchen oder sich Hilfe zu holen, ist sie dort gelandet. Erst war noch ein Typ dabei, aber irgendwann war er weg, sie ganz allein. Sie wusste gar nichts, außer dass Alkohol vergessen lässt. Das Geld dafür „verdiente" sie sich....

Manchmal, wenn einer ihrer Kaufhallenkumpane die fällige Sozialhilfe bekam und sich an zwischenmenschliche Bedürfnisse erinnerte, taumelten sie, sich gegenseitig führend, zusammen in die Bude oder landeten ganz und gar im Gebüsch. Zur Belohnung überließ er ihr dann großzügig seine halbleere Pulle Hochprozentigen.

Manchmal klapperten sie auch die Mülleimer nach Pfandflaschen ab. Das reichte dann für billigen Fusel. Hunger kannten sie schon lange nicht mehr. Tatsächlich steckten ihr hin und wieder der eine oder andere „hilfsbereite" Nachbar ein bisschen Klimpergeld zu. Schlechtes Gewissen? Weil sich das ach so anständige Söhnchen mit seinen wohlerzogenen Freunden wiedermal öffentlich über sie lustig gemacht und gefobbt hatten?

Niemand bemerkte, dass in diesem erbärmlichen menschlichen Wrack ein kleines Schicksal heranwuchs. Sie selbst? Nein. Irgendwann, wie fast immer im Tee, kam ihr Kind. Die komischen Schmerzen hatte sie betäubt, war nicht bei Sinnen, bis es anfing zu weinen. Plötzlich nahezu nüchtern nahm sie es instinktiv an die Brust, die irgendwie anders war als früher, und wickelte es mit sowas wie einem Handtuch ein. Panik. Was soll sie jetzt machen damit? Immer noch benebelt von Alkohol und Schmerzen erinnerte sie sich, dass ihre Mutter bei einem ihrer Geschwister einen Strick um die Nabelschnur geknotet und dahinter abgeschnitten hatte. So machte sie es auch, mit ihrem stumpfen verrosteten Taschenmesser. Es dauerte eine Ewigkeit bis sie durch war. Den anderen Klumpen, der inzwischen aus ihr herausfiel, warf sie später in irgendeine Mülltonne, zusammen mit dem blutigen Handtuch.

Irgendwann hatte sie mal einen Sack mitgeschleppt, der neben dem Kleidercontainer stand, aus dem sie nun ein paar Klamotten herausholte, ein Teil stopfte sie sich zwischen die Beine, denn das Blut lief unentwegt. In einen anderen Fetzen wickelte sie das inzwischen schlafende Kind. Auch für sich fand sie was neues Altes. Für ihre Verhältnisse sauber wie schon Jahre nicht mehr, quälten sie dennoch die Schmerzen. Ihre nicht lange vorher „verdiente" Flasche stand verlockend vor ihr. Die einzige Lösung. Betäuben. Nichts hören, nichts sehen – so, wie ihre ehrenwerten Nachbarn.

Das Kind ohne Namen lag neben ihr auf dem dreckigen breiten Sofa. Und immer, wenn es anfing zu weinen, nahm sie es irgendwie an die Brust und schlief wieder ein. Kind auch. Wenn der Rausch vorbei war, machte sie sich wieder auf die Straße – Nachschub besorgen. So, wie schon immer. Und trotzdem anders. Die schmutzige Kindwäsche, voll mit Kot und Urin, entsorgte sie in einen der Müllcontainer in der Straße. Und irgendwann, als

„Kind" weiterschrie, obwohl es an der Brust war, bezahlte sie an der Kasse nicht mehr nur Schnaps (meistens) und altes Brot, nein jetzt war sogar manchmal Milch dabei. Natürlich fiel es den Verkäufern auf, aber sie wollten „es" nicht wissen. Alles andere blieb beim Alten.

So überlebten sie beide eine ganze Zeit, Kind lernte sogar laufen. Glück gehabt, die Nachgeburt hat das meiste Gift aus dem verseuchtem Mutterblut herausgefiltert.

Eines Tages kam es, wie es kommen musste.

Das kleine Wesen, an dem die dünnen Ärmchen hingen, hatte Hunger und Durst und weinte und wollte seine Mutter wach bekommen – mit streicheln. Umsonst.

„Es" wollte `raus. Barfuß und in einem viel zu großem T-Shirt versuchte „es", an die Türklinke zu kommen. Wieder umsonst. Zu klein. Lautes Weinen. Niemand hörte es. Aber es war schon groß genug, um auf den uralten Sessel bei den ewig zugezogenen Vorhängen zu klettern.

„Es" schaute dahinter, wobei bei jeder Berührung des morschen Stoffes der Staub von vielen Jahren herabfiel. Durch die vom Weinen geschwollenen Augen sah „es" Leute auf der Straße vorbeigehen. Ja, das erste Mal andere Menschen als seine Mutter und ihre „Besucher",

die das „Kind" gar nicht wahrnahmen. „Es" trommelte gegen die Scheiben und schrie herzzerreißend bis die Frau von gegenüber herübersah. Sie wusste, dass

da die Pennerin haust, aber das Kind?! Woher? Wie?
Wann?...
Die Pennerin schlief weiter, bekam nicht mit.
Sie regte sich überhaupt nicht, auch nicht, als die
Polizei, die „die von gegenüber" verständigt hat, an
ihr rüttelte.
Auch der wenig später eintreffende Notarzt konnte
sie nicht wecken, nie wieder. Diesmal war die Dosis
zu hoch für den abgemagerten ausgelaugten und
verseuchten Körper. Der Leichenwagen holte den
„Rest Mutter" ab.
Eine vom Jugendamt war auch schon da und
sprachlos nahm sie das „Kind" auf den Arm.
Die Frau war „überwältigt" vom Zustand vor Ort.
Noch nie hatte sie sowas gesehen.
Völlig verwahrlost wurde „Kind" ins Krankenhaus
gebracht, untersucht und aufgepeppelt. Gerettet.
Die Mutter? Zu spät!
Hilfe? Nie erfahren!
Warum?
Nachbarn, Verkäufer, Passanten –
alle blind, taub und stumm.
Darum!

Ware „Mensch"

Mensch bietet sich an. Manche ein Leben lang non stopp. Andere geben zwischendurch auf.
Viele werden jetzt nicht weiterlesen wollen – „Ich? Niemals!"
Und vielleicht sollten genau die sich mit sich befassen……

Meine Drei sind Franz, Paula und Emil.
Kindergartenkinder, älteste Gruppe, Nachbarn und jeden Tag nach der Kita auf dem großen Spielplatz zu finden. Die Mamas auch, sind aber mit Themen wie `Was kochst du am Wochenende?` und `Mein Kind kann schon…`
beschäftigt. Konkurrenz und `Bessersein` wird doch schon im Sandkasten angezüchtet, oder?
Die Kinder spielen scheinbar friedlich. Zwar uninteressiert, was es irgendwann zu essen gibt, aber, was mancher an Spielzeug mitbringt, lässt andere Zwerge schon recht blass aussehen.

Paula, der kleine blondgelockte Wildfang mit den ozeanblauen Augen und dem Engelsgesichtchen, hätte das Zeug zu einem Jungen. Dass Franz und Emil „voll auf sie abfahren", ist ihr nicht bewusst und auch egal.
Sie muss sich nicht anbieten, aber die Jungs.
Sie buhlen um das süße Mädchen, wollen sie als Spielgefährtin. Weil, sie hält nichts von Puppen und rosa Kleidchen sondern hat mehr blaue Flecken vom

Toben als die beiden Buhler zusammen. Haben sie beim Mittagsschlaf im Kindergarten durchgezählt. Emil und Franz sind grundverschieden und bemühen sich jeder auf seine Art um Paulas Gunst. Dabei ist Emil der Offensive. Ein hübscher sportlicher Typ, dunkelblond, braungebrannt und schokobraune Augen. Aber vor allem ein vorlauter Angeber, der kein Risiko scheut.

Franz dagegen – ein kleines schmächtiges, hellhäutiges, weizenblondes Kerlchen mit leuchtendgrünen, vor Neugier sprühenden Augen, ist ruhiger und vorsichtiger.

Beide wollen Paulas bester Freund sein. Sie beide sind es schon, aber auch irgendwie die größten Konkurrenten.

Emil wirbt mit seiner überschwenglichen, fast rüpelhaften Art, was ihm aber immer wieder wegen seines hübschen Äußeren verziehen wird. Er klettert, schaukelt und rennt mit seinen „Kumpels" um die Wette und – gewinnt. Er gewinnt immer und wenn er vordrängeln muss.

Zur Krönung lässt er Paula auch noch mit seinem, von seinem strebsamen Papi hochgetunten quietschgelben Kinderfahrrad, natürlich schon lange ohne Stützräder, fahren.

Da kann klein Paula nicht widerstehen und Franz bleibt mit seinem schönen roten Kirschlolly, den er extra für Paula aufgehoben hat, sitzen.

Er konnte sich einfach nicht so gut verkaufen wie Emil und muss erstmal auf die Reservebank und sich in Geduld üben. Kennt er ja von zu Hause, seine kleine Schwester ist ja auch immer als erste dran, er ist doch schließlich schon groß und muss das verstehen. Ihm wird überhaupt schon viel mehr Intellektuelles von seinem Umfeld zugetraut und abverlangt, ohne es zu merken. Es ist zu wenig Zeit da für ihn, weshalb er mit Computerspielen beschäftigt, wenn er nicht gerade draußen spielt. So übel ist die Rolle „großer Bruder" gar nicht für ihn, denn er kann schon ein bisschen lesen und recherchiert im PC.

Manchmal versucht er auch, seiner kleinen Schwester die Grundlagen des Lebens beizubringen – meistens erfolglos. Sie ist erst zwei. Aber er hofft damit, bald jemanden zum Spielen zu haben, wenn seine Freunde keine Zeit haben und ihn aufs Abstellgleis deponiert haben.

Wenn Emil aber wieder mal zu einem seiner Trainings geht, springt Franz ein und genießt die Zeit mit Paula, die ihre Stellung zwischen den Jungs gar nicht registriert. Und Franz ist sich sicher, irgendwann bekommt er seine Chance. Ein Stratege eben.

Die Kinder werden zu Teenies und verändern sich, einer mehr, der andere weniger.

Emil wird immer hübscher, weiß das inzwischen auch und punktet nun nicht mehr nur bei Paula. Seine Angeberei steigert sich allerdings zu Arroganz. Angetrieben von seinem Vater konzentriert er sich immer mehr auf seine Lieblingsbeschäftigung „Fußball" – Ziel: Profi.

Ob es wirklich sein Ziel ist? Sein Vater benutzt ihn und sein Talent als Ware, als Ware auf dem Fußballplatz. Schulisch dagegen sieht's ziemlich trüb aus, aber ist doch auch nicht so schlimm.
Wozu braucht man schon Chemie als Fußballer…

Paula fährt inzwischen wie ein Intercity auf der „Wissenwollenschiene". Die unendliche Energie vom Spielplatz treibt sie nun beim Lernen an.
Von Emil ist sie nur noch genervt. Natürlich weiß sie, dass sie bildhübsch ist und viele Verehrer hat. Ist ihr aber egal, denn sie will die Welt verbessern. Da stören Typen, die sie nur auf ihre Lippen und die wunderschönen Augen reduzieren, sie hat eine andere Vorstellung von Werten. Die kann man nicht bezahlen. Sie platzt beinahe vor Wissensdurst und ist Emil inzwischen völlig fremd geworden. Der lässt sich lieber von anderen weiblichen Schönheiten umgarnen und treibt seine primitiven Spielchen mit ihnen. Aber er ist ja ein hübscher!
Franz ist da anders, war er eigentlich schon immer. Ruhig und überlegt. Nicht, dass er unsportlich ist, aber wenn, dann macht er nur Sport, wenn ihm danach ist. Meistens sowas, das er auch alleine machen kann. Seine grünen neugierigen Augen haben nicht getäuscht. Er ist hochintelligent, Schule – kein Problem, ohne sich zu rühmen. Wissen saugt er wie ein Schwamm auf – egal woher.
Franz war all die Jahre stiller Beobachter im Hintergrund, natürlich ist ihm Paulas Wandel nicht entgangen. Und außerdem hat auch er sich zu einem

drahtigen attraktiven Burschen mit seinem vorwitzigen Rot im blonden Haar entwickelt. Sogar etwas eitel ist er geworden, je mehr sich Paula verändert hat. Eine schicke schwarzgerahmte Brille ziert seit einiger Zeit seinen forschenden Blick. Paula hat's gemerkt und ging sehr gern auf die humorvollen Gespräche über Gott und die Welt ein, mit denen Franz sich unbewusst bei ihr bewarb – stundenlang und mühelos. Ungewöhnlich für Fünfzehnjährige – eben anders. Paula ist längst ein Licht aufgegangen, sie hatte auf den falschen Freund gesetzt. Denn Emil kümmerte sich schon lange nicht mehr nur um Paula und bekam dafür von ihr die „Kündigung". Es machte ihm nicht einmal was aus, es gab doch noch so viele andere Mädchen auf der Welt. Recht flexibel!

Paulas Enttäuschung wandelte sich zu Ignoranz, denn das hatte sie bestimmt nicht nötig. Sie bedauerte eher, Franz nicht schon viel eher als Gleichgesinnten erkannt zu haben, der lange als Ladenhüter in der Ecke saß, weil seine speziellen Qualitäten nicht auf den ersten Blick zu erkennen sind. Doch seine Bescheidenheit und Geduld zahlt sich nun aus. Dieser franz-spezifischen Verkaufsstrategie, unbewusst und nicht berechnend, sondern sich entwickelnd ohne Werbung, konnte und schon gar nicht wollte Paula widerstehen. Keiner von beiden musste sich irgendwie bei dem anderen anbieten – es war eher ein gegenseitiges Geben und Nehmen, ohne etwas dafür zu verlangen oder zu erwarten.

Zeitgleich war es aber für alle drei soweit, an Ausbildung und Beruf zu denken. Schließlich wollten sie nicht ewig den Eltern auf der Tasche liegen. Obwohl – Emil fand das eigentlich ganz bequem. Er wurde übrigens schon beim ersten Anlauf in die Fußballschule in der nächst größeren Stadt aufgenommen. Vater stolz, Mutter keine Meinung.

Paula und Franz, die inzwischen ein unzertrennliches Paar waren und in jeder Hinsicht passten, hatten noch ganz viel Platz für mehr Wissen im Kopf. Sie hatten Visionen und unendlich viele Fragen, die sie sich am liebsten selbst irgendwann beantworten wollten, um mit diesem Wissen etwas auf der Welt zu bewegen und zu verbessern.
Sie schafften das Abitur mit Bravour und bewarben sich für das gleiche Studium an der gleichen Uni.

Sie baten sich mit ihren Leistungen an.

Und wurden angenommen.
Problemlos absolvierten sie die Prüfungen, ohne viel pauken zu müssen, denn auch zu Hause – sie teilten sich eine kleine Wohnung – setzten sie ihre Unterhaltungen und Diskussionen über das Gehörte fort. Und sie hatten ein Ziel, ein gemeinsames. Eigentlich mehrere. Wenn sie das Grundstudium beendet haben, wollten sie eine Spezialisierungsrichtung einschlagen und in einem renommierten Forschungszentrum Fuß fassen. Den Spezialisierungsstudiengang erfolgreich

abgeschlossen, mussten sie ein eigenes Projekt darbieten, um in dieses Forschungszentrum aufgenommen zu werden.

Sie verkauften also ihre sensationelle Idee, die sich über Jahre in ihren Köpfen entwickelt hat und jetzt eine Chance bekommt, Realität zu werden. Sie verkauften sich mit ihrem Wissen, das ja ihre persönliche Arbeitskraft war. Ware – Wissen, unbewusst.

Tatsächlich wurden beide angenommen. Ihr sehnlichster Wunsch, im Dienste der Menschheit arbeiten zu dürfen, wurde wahr.

Franz war für sie nur noch Erinnerung. Er selbst wurde inzwischen als Profi-Fußballer hoch gehandelt. Die Klub-Manager stritten sich lange über die Ablösesumme, die Franz zur „Ware Mensch" machte. Fehlt nur noch der Barcode auf der Stirn. Franz sah das nicht so eng, denn er konnte sich vor der Menschheit in Stadien vieler Länder seiner Träume präsentieren. Präsentieren, das konnte er schon immer am besten. Familie, eine eigene – keine Chance.

Sein Leben genoss er dennoch. Er gönnte sich schon hier und da seinen Spaß. Der Preis – Alimente hier und da.

Beim Klassentreffen viele Jahre später, erzählte natürlich jeder von sich und wie gut er sich auf dem Arbeitsmarkt verkauft hat.

Manche auch nicht. Sie bekamen ihr Leben einfach nicht auf die Reihe, bewarben sich überall, verkauften sich mit ihrer Arbeitskraft oder Wissen bei potentiellen Interessenten, die sich Arbeitgeber nannten. Da ist wieder das Phänomen „Ware Mensch", denn man wollte schließlich für das Geleistete auch eine ordentliche Entlohnung.

Es ist wie auf dem Flohmarkt. Nur, dass die „Ware" lebt, der Preis wird verhandelt, entweder selbst oder durch Manager oder staatliche Institutionen, als Partner in einer Beziehung oder sogar als Körper durch Zuhälter.

Man lässt sich oder das, was das „Ich" ausmacht nutzen, ausnutzen, teilweise missbrauchen.
Ein Teil der Menschen nutzt andere Menschen mit ihren Vorzügen als Ware, um sich zu rühmen, zu bereichern, oder auch sich selbst nicht als Ware anbieten zu müssen.
Selbst öffentliche Menschen wie Prominente, sind – vielleicht unwissentlich – Ware. Schauspieler für Produzenten, Models für Designer, allgemein für die Presse. Jeder profitiert von Prominenz in seinem Gewerbe,
dadurch lassen sich ihre Produkte besser verkaufen.
Und nicht zuletzt steigern Sensationelle Promi-Infos nicht nur das Interesse an denselben, sondern auch die Preise für die Infos, damit die Einschaltquoten, Verkaufszahlen, etc.
„Ware Promi".

Selbst als Mutter, Vater, Tochter, Sohn, Bruder, Schwester ... buhlt man mit seiner Ware „Eigenschaften" um Anerkennung oder Zuneigung oder sonst was eines Menschen in der Familie um Belohnung als Wertschätzung oder Bezahlung mit dem eigenen „Ich" schlechthin.

Schlussendlich würde ich sagen:

„Man kann machen, was man will –
ist man Mensch – ist man Ware."

Oder?

Fratze

Nein! Ich doch nicht! Das ist bestimmt 'ne Verwechslung. Ich geh' jetzt einfach weg und lass den Befund in der Praxis, so, als ob ich gar nicht hier war.

Auf dem Weg nach Hause war sie wieder da, diese blöde Atemnot. Ist sicher die Wärme heute, die anderen schwitzen und stöhnen ja auch. Außerdem darf ich das, bin eben doch nicht mehr die Jüngste.

Zu Hause war niemand. So konnte ich mich unbeobachtet erstmal in Ruhe von der Anstrengung erholen. Und von dem Arztbesuch.

Schon vergessen. Jawohl. Dachte ich, bis sich das Piepen vom Anrufbeantworter in mein Bewusstsein fraß. Ich wusste schon vorher die Nummer, die ich dann tatsächlich auf dem Display sah. Der Doktor. Augenblicklich lief mir das Blut aus dem Gesicht, wie der Sand in einer Sanduhr. Nein!

Nervös sinnloses Zeug hin- und herräumend lief ich vor dem Telefon auf und ab.

Ignorieren. Ja, ignorieren. Im Ignorieren bin ich richtig gut. Anrufbeantworter aus, Pott Kaffee und ab auf den Balkon. Wer weiß, was die Zukunft bringt. Zukunft? Mist! Schon wieder so ein zweideutiger Gedanke! Weg damit!

Ein bisschen Radio kann nicht schaden. Mal hören, was es Neues gibt auf der Welt.

Inzwischen ist die Farbe in mein Gesicht zurückgekehrt und Luft holen – kein Problem.

Also hole ich mir noch meine selbstgestopften Pfeffis, denn, was nach Pfefferminze schmeckt, kann doch nicht schädlich sein!

Uff! Warum entschuldige ich mich bei mir? Mir geht's doch gut!

So, nun Beine hoch, Sonne ins Gesicht und genießen. Die Gelegenheit zum Genießen – den restlichen Tag alleine, schönes Wetter und ignorieren. Ignorieren besonders.

Eine halbe Stunde Ignorieren ist vergangen bis ich gemerkt hab', dass mein Ignorieren eigentlich nur mein Grübeln und Zweifeln ankurbelt.

Die warmen Strahlen vom Himmel und die Radionachrichten sind gar nicht bei mir angekommen. Verdammt, nun hat mich der Strudel doch erwischt und mein Ignoriergestrampel war zu schwach. Kopfschmerzen.

Immer wieder die Worte des Arztes. Immer wieder und wieder, wie eine Bandansage für ,ne Warteschleife. Wieder und nochmal und nochmal! ,Hör auf!' Und immer wieder die bohrende Frage – wie geht's weiter?

Der Doktor wollte es mir sagen, ich bin gegangen. Und jetzt sitze ich hier – ein einziges Fragezeichen, vollgestopft mit Nichtwissen, Selbstbeschiss, Spekulationen und eingebildeter Ignoranz.

Ja „Leben". Was bedeutet das aber für mich ab heute? Ja, ich wollte ignorieren – kann das auch, solange es harmlos ist und nichts direkt mit mir zu tun hat.

Heute klappt es nicht. Das hier, das bin doch das ganze „Ich". Na klar würde ich meinen Lebenslauf auf einen früheren Zeitpunkt zurücksetzen wollen, eine „Reparatur-App" starten und alle „Bedrohungen" ausmerzen und eine „Firewall" für mein „Ich" installieren. Mein „Ich" ist doch wie alle Ich's das hochentwickeltste Etwas auf der Welt. Warum wurde das Schutzprogramm für den Organismus nicht runtergeladen! War kein Platz mehr auf der Festplatte?

Stopp! Ich! Die Phantasie erobert gerade meinen Kopf. Zuviel davon und ich drehe durch. Gar kein schlechter Gedanke, denn dann kann mir sowieso alles egal sein. Nee – bin ich nicht. Langsam sortieren sich meine Hirnzellen. Ist nicht meine Art, vor irgendwas davon zu laufen. „Irgendwas" ist immer schneller und holt mich mit seinem hämischen Fratzengesicht ein.

Und beschließe, mich der Fratze zu stellen und zu kämpfen. Fratze verletzen, ausbluten. Aber wie sieht meine Fratze aus?

Der Doktor wollte sie mir zeigen und hatte sogar schon eine „Antifratzenstrategie" im Angebot. Und ich?! Feigling!

Wut kommt auf. Wut auf Menschheit und die Evolution. Hat die Entwicklung nicht an die „Hacker" gedacht?!

Veränderung im „Ich".

Ich denke, genug Wut gespeichert zu haben, um mit Dok's „Antifratzenplan" und meiner Wut-Rüstung aus Kettenhemd, Schwert und Schild gegen meine persönliche Hacker-Fratze in den Kampf ziehen zu können.

Ich schalte den Anrufbeantworter wieder an.
„Hallo, hier ist der Doktor. Leider kann ich ihren Befund nicht ändern. Mein Angebot kann sie aber davor schützen, dass ihre „Fratze" sie einholt. Man kann versuchen, davonzulaufen, immer einen Schritt schneller sein. Dabei wird der Schatten immer an ihren Fersen kleben und größer und größer werden, sie mit seinen Fangarmen anstupst, festhält und zu Fall bringt. Wir können die Fangarme stutzen, wenn sie wollen. Die Entscheidung liegt bei ihnen.
Denn jeder trägt die Verantwortung für sich selbst."

Mit meiner Wut und dem Tritt in den Hintern vom Dok. mache ich mich auf den Weg in die Praxis – eine halbe Stunde vor Wochenende.
Auf dem Heimweg – zum zweiten Mal – hatte ich anderes Gepäck als noch vor ein paar Stunden. Mein Rucksack war gefüllt mit Hoffnung, Mut und einem Plan.
Langsam sortieren sich meine Hirnzellen. Ist nicht meine Art, vor „Irgendwas – Fratzen" davon zu laufen. Die sind sowieso schneller und irgendwann haben sie mich überholt, und werfen mir Knüppel vor die Füße. Lachen mich mit ihren hässlichen „Fratzen – Gesichtern" aus.
NEIN! Nicht ich! Ich bin stärker und nehme den Kampf auf. Fratze verletzen, ausbluten. Doch muss ich wissen, wie meine Fratze aussieht. Der Dok. hat

sie mir gezeigt, einfach nur hässlich, aber noch ganz klein. Er hat mir aber auch seinen speziellen „Antifratzenschlachtplan" mitgegeben – wollte er vorhin schon. Und ich?
Feigling! Schwächling! Laufe weg!
Wut kommt auf. Wut auf mich und die Evolution. Hat die nicht an die „Hacker" im Programm „Mensch" gedacht!?

Veränderung im „Ich". Ich denke genug Wut gespeichert zu haben, um mit Dok's „Strategie" und meiner „Wut – Rüstung" aus Kettenhemd, Schwert und Schild in die Schlacht zu ziehen.
Genau! So klingt mein inneres ICH!
Gestärkt und im Reinen mit mir selbst genieße ich das letzte Stück Heimweg, nehme die herrlich bunten Blumen auf den Wiesen und das Zwitschern der Vögel auf meiner Festplatte auf, als wäre es das letzte Mal.

Das letzte Mal? Kommt gar nicht in Frage!
Fratze – ich komme!

Sommergarten

In unserm Garten hinterm Haus
Siehts im Sommer gar lustig aus.
Marienkäfer machen Halt
In dem dichten Blumenwald

Und Bienen schwirren durch die Luft
Betört vom süßen Blütenduft.
Auch Schmetterlinge flattern bunt -
Ziehen hier so manche Rund.

Überall Spinnen, die Kunstwerke knüpfen,
im Gras die Grillen Rekorde hüpfen.
Ob Gänseblümchen, ob Löwenzahn –
Viele Insekten laben sich dran,

sammeln für das Abendmahl,
Hollunder und Sanddorn stehen zur Wahl.
Die Amsel auf dem Gartenzaun
Kann alles bestens überschaun.

Von Sauerampfer bis Akelei –
Für jeden ist etwas dabei.
Und hinten unter der Trauerweide
Blüht leuchtend lila sogar die Heide.

Die Falläpfel und der Birnenbrei
Ziehn Wespen an und noch allerlei.
Sie freuen sich drüber und lassen sich schmecken
Das Mus aus den braunen Fallobstflecken.

Lavendelblüte liegt in der Luft –
Verbreitet einladend seinen Duft.
Auch Sonnenblume, Klatschmohn und Klee
Sind wieder dabei wie eh und je.

Ameise, Regenwurm und Schnecken
Kommen manchmal aus ihren Verstecken.
So geht wohl der Sommer auch dies Jahr vorüber,
doch sicher sieht man sich im nächsten Jahr wieder.

„Der Herr ist gütig und seine Gnade währet ewiglich.
Amen"

Ist das der Wille eines gütigen Herrn,
dass Kinder – viele – vor Hunger sterben müssen?

Will das ein gütiger Herr,
dass Männer fehlgetrieben vergewaltigen und
misshandeln?

Ist das die Güte eines Herrn,
dass Dürre Tiere sterben lässt?

Welche Güte,
dass Menschen durch Fluten alles verlier`n, auch ihr
Leben!

Ist das ein gütiger Herr,
der sich für seine Dienste bezahlen lässt?

Wie gütig,
dass Stürme Städte zerstör`n!

Ist das gütig,
dass Menschen sich gegenseitig töten?

Soll das die Güte eines Herrn sein,
dass Menschen und Tiere unendliche Schmerzen
aushalten müssen?

Ist das ein gütiger Herr,
der Seuchen schickt?

Ist das Güte,
dass die Menschen gegeneinander leben?

Sollten denn nicht alle Menschen gleich sein?
Geht es denn nicht eigentlich um Nächstenliebe?

Welche Gnade, dass Leben nur vorübergehend ist!

Schwarz Weiß

Jeder ist anders
und doch sind wir gleich
egal, ob er arm ist
oder reich.
Was für ein Spektakel!
Ist schwarze Haut ein Makel?
Nein, es ist vorbestimmt,
ob schwarz, gelb, weißes Kind.
Schwarzes Kräuselhaar,
rote Locken gar,
ist doch ganz egal-
ein MENSCH in jedem Fall.
Blonder Pferdeschwanz,
grüner Augenglanz
wiegen sich ganz leis
mit schwarzer Haut im Kreis.
Beiden ist es gleich,
spüren sich ganz weich.
Gefühle fanden sich
Kritik ist jämmerlich.
Die Herzen schlagen im Takt,
es wird nichts hinterfragt.
Sie woll`n sich, wie sie sind
Und fühlen nur den Wind.
Augen Schlitze oder rund,
volle Lippen, schmaler Mund,
Nase breit oder grazil –
Unterschiede gibt es viel.
Der äußere Schein,

anders zu sein,
täuscht über den Kern
reell intern.
Identisch sind wir aufgebaut,
wenn man doch nur genau hinschaut!
Lässt man die Hülle Haut mal weg,
hat jeder dasselbe im Gepäck.
Wenn einer meint, er sei mehr wert,
so wird er des Besseren belehrt.
Schreit er um Hilfe in der Not –
Wer kommt – egal – schwarz, weiß oder rot.

Krieg

Mama, was ist da im Fernseher los?
Warum ist der Bauch von dem Baby so groß?
Wo doch die Beine wie Fädchen sind!
Mama, ist das ein armes Kind?

Es trägt keine Sachen,
man sieht es nicht lachen.
Fliegen sitzen ihm am Mund!
Seine Füße sind ganz wund!

Mama, warum liegt die Frau daneben?
Ist sie denn überhaupt noch am Leben?
Warum ist sie so dreckig
und ihr Kleid so fleckig?

Warum brennt das Dorf dahinten im Bild?
Vermummte Männer laufen wie wild.
Warum schrein die so rum?
Mama, stell bitte auf „stumm"!

Die Männer ziehn dürre Jungs durch den Staub.
Mama, ist das Menschenraub?
Mädchen und Frauen lassen sie dort.
Die Väter sind lange im Krieg schon fort.

Auf Laster werden die Jungen gepackt,
bis auf ein paar Stofffetzen sind sie nackt.
Zu schwach, sich zu wehrn, die Münder trocken,
müssen sie übereinander hocken.

`ne Frau sitzt im Staub mit blutenden Wunden,
der Glanz in den Augen schon längst verschwunden.
Ein Mädchen steht weinend hinter ihr –
hilflos sehn sie zugeh'n die Lastertür.

Der Motor springt an.
Da! Der vermummte Mann!
Schießt nochmal umher –
Die Menschen zucken nicht mehr.

Tod und Verwüstung bleiben zurück.
Die Familie am Bildschirm bewegt sich kein Stück.
Gelähmt und wortlos sitzen sie da,
die Werbung im Ferseh'n nehm' sie nicht wahr.

Bewusst wird ihnen, wie sicher sie sind –
Mutter, Vater und auch Kind.
Sie haben zu essen, ein warmes zu Haus,
furchtlos können sie gehen hinaus.

Sie rücken zusammen, die Gesichter sind nass –
Warum gibt's auf der Welt nur so viel Hass?
Ist doch genug Platz auf der Kugel Erde –
Für die große bunte Menschenherde!

Zusammen stark

Was ist nur mit den Menschen passiert?
Hat man denn immer noch nicht kapiert,
dass Leben nur gemeinsam geht?
Ist das denn nicht schon bald zu spät?

Wie konnte es nur soweit kommen,
wie vernebelt – total benommen,
will jeder alles besser wissen,
ohne jede Kompromissen.

Macht, Gier und Hass –
Was soll denn das?
Wie ist das gekommen?
Es macht mich beklommen.

Menschen beherrschen die anderen.
Wo liegt da denn nur der Sinn?
Sind die anderen so wenig wert?
Läuft denn da nicht was verkehrt?

Man streitet sich über Religionen,
oder wo die Menschen wohnen,
über Hautfarbe und Geld.
Wie krank ist nur unsre Welt!

Miteinander geht nicht mehr.
Akzeptanz fällt viel zu schwer.
Harmonie ist nicht gewollt.
Einer gegen anderen grollt.

Einfach leben und leben lassen,
ob allein oder in Massen.
Es könnte doch so friedlich sein!
Ohne trügerischen Schein.

Stattdessen Terror und überall Krieg
Mit dem Ziel „der große Sieg".
Aber wer über wen ist hier die Frage
Und warum so viel Leid – alle Tage!

Kranke, Verletzte, am Ende der Tod.
Wo ist der Nachbar in der Not?
„Wenn ich dir helfe, was krieg ich dafür?
Nichts? Na dann Tschüss!" und ab durch die Tür.

Es gibt einen Gott – bilden manche sich ein.
Aber wie kann der nur so grausam sein?
Lässt zu, dass der Mensch so bösartig denkt!
Und die Stürme durch ärmliche Hütten lenkt!

Dass Feuer und Wasser alles zerstört,
was Menschen gebaut und auch ihm gehört.
Elend und Armut ist ihm alles egal –
Angst und Trauer, noch Leben - ´ne Qual!

Der Weiße den Schwarzen total ignoriert,
als Menschen einfach nicht akzeptiert.
Der Weiße dagegen bildet sich ein,
ein besserer Mensch als der schwarze zu sein

Sind Menschen nicht alle gleich aufgebaut
Bis auf den Unterschied ihrer Haut?
Gleichwertig miteinander leben
Und sich nicht über den anderen erheben!

Schaut zu, wie sich die Menschen schlachten,
sich gegenseitig nur verachten!
Nein, das ist kein Gott, der sowas will –
Sieht alles und bleibt trotzdem still!

Zusammen könnten wir das schaffen,
da kann der liebe Gott ruhig gaffen,
dass alles ab jetzt ganz anders wird,
dass einer den andern nicht mehr stört.

D´rum Menschen, werdet endlich wach!
In Frieden leben unter einem Dach.
Fangt endlich an und hört nicht auf,
übernehmt die Zukunft und deren Verlauf!

Ausgebrannt

Gejagt, gehetzt, ruhelos
Schneller sein als die Uhr
Die Zeit rast
Noch so viel zu tun
Schaffen – heute wieder nicht.
Unzufriedenheit, Unmut beherrscht mich.
Ich will
Die anderen was anderes.
Wieso?
Ich hab' doch recht!
Was ich sag' ist richtig, wichtig!
Versteht mich denn nur keiner?
Die sollen so ticken wie ich!
Missverständnisse
Zusammenbruch
Gehetzt, gejagt – von wem?
Von mir?
Von der Gesellschaft?
Vom Leben?
Peng! Kopf – Körper, Körper – Kopf, Kopf – Kö.......
Sicherung ist raus
Körper macht nicht mehr, was Kopf will
Kopfkarussell wird langsamer
Notstrom schaltet sich ein
Minimum erreicht.
Trance, Zeitlupe
Was ist passiert?
Warum funktioniere ich nicht!
Ging doch sonst immer – irgendwie!

Wehre ich mich gegen mich?
Hatten die anderen doch recht?
Abstand als Selbstschutz?
Hilfe!
Der Abstand wird kleiner.
Kurz bevor ich aufschlage – Fallschirm
Fallschirm – Familie – hat Risse
Harte Landung - Am Boden
Kann nicht aufstehen.
Will ich? Wozu? Wollen die das?
Ja!
Brauchen Hilfe. Schaffen wir es selbst?
Profis? Zu wenig zu fern.
Familie – Wort für Wort, einer zum anderen.
Autsch, hingefallen.
Viele Hände strecken sich entgegen.
Greif ich zu? Bin ich schwach?
Ja.
Ich nehme meinen Rest Kraft zusammen
Fasse alle Hände
Bin gerettet
Stehe auf
Höre zu.
Haben die anderen doch recht?
Schritt für Schritt für Schritt….
Geht ja besser!
Zum Springen und rennen fehlt noch der Sinn.
Langsam.
Ich spüre mich wieder!
Ich kann wieder sehen!
Wo war mein Leben!

Zweiundneunzig – Stufe 3

Habe mal wieder Geburtstag heut'
ich weiß nicht, warum sich freuen die Leut'
Sie haben auch leckeren Kuchen dabei
für mich gibt es leider wieder nur Brei

Es ist August und den duftenden Strauß
bringt die Schwester gleich zum Zimmer hinaus
ich könne nicht schlafen, nennt sie dann den Grund
ich will was sagen, doch gelähmt ist mein Mund.

So, wie mein restlicher Körper auch
Zwei Schläuche ragen aus meinem Bauch
und wenn ich könnte, ich würde mich wehr`n
Denn trotzdem kann ich doch alles hör`n!

Heut fröhlich lächelnd im bunten Kleid
sonst ist meiner Tochter der Weg zu weit
Was soll sie auch bei mir am Bett
nur Zeit totsitzen? wie furchtbar nett!

Das Heimpersonal kommt kurz mal schauen,
um im nächsten Moment wieder abzuhauen
dabei ist doch mein Hintern nass!
Riecht denn hier keiner irgendwas?!

Mir läuft die Spucke über`s Kinn
sie lassen sich's schmecken und seh`n gar nicht hin
ein Nachthemd statt Blumen wär` schön gewesen
oder nur mal `ne Geschichte vorlesen.

Die Hand mir halten und von früher erzähl`n
und nicht mit Kaffee und Kuchen quäl`n!
Sie verabschieden sich – „es war sehr schön"
doch es keiner Zeit „auf Wiederseh`n"

Ich hoffe doch nicht! Und die Pein ist vorbei
wie ich mich so fühle ist einerlei.
So, nun sind sie wieder weg
und ich lieg` hier in meinem Dreck.

Hilflos

Ich fahre nach Hause
Verheult
Kann kaum die Straße sehen
Hab heute was Trauriges erlebt – im Heim
Wäre schön, wenn jetzt jemand da wäre, der mich –
ohne zu fragen –
Einfach nur in seinen Armen hält
Aber
Auf der Straße höre ich schon meinen Mann von
drinnen – schimpfend
Wie immer
Wische mir wiedermal das Gesicht trocken
Gehe rein
Die Kinder sind noch nicht da
Gut
Lautes Gemecker, ohne mich dabei anzusehen
Statt Begrüßung
Wie jeden Tag
Versuche, es zu ignorieren
Wie jeden Tag
Als Selbstschutz
Funktioniert heute nicht
Ich kann – ich will es nicht mehr hören
Sanfte Umarmung?
Nicht dran zu denken
Flucht
Will schlafen – für immer?
Endlich Ruhe?
Wie?

Tabletten – im Schrank die sind zu schwach.
Baden – mit dem Fön?
Nein – die Kinder sollen mich nicht so finden.
Die Pulsadern aufschneiden?
Dauert zu lange
Luftinjektion?
Hab keine Kanüle mehr
Erschießen?
Womit?
Aufhängen?
Kann keinen Knoten
Selbst erstechen?
Messer zu stumpf
Das Schimpfen hört nicht auf
Wie immer
Beleidigungen, Verletzungen, Schuldzuweisungen
Immer wieder das selbe
Ich nehme stumm meinen Autoschlüssel und meine
Zigaretten und
Fahre los
Mein Mann?
Mir egal.
Fahre vorbei an Bäumen
Warum nicht?
Ich will keinem Lebewesen schaden
Fahre in einen Tunnel
Eine scharfe Kurve
Sehe die graue harte Wand vor mir
Soll ich? Oder - ?
Bin schon durch
Ist auch besser

Wäre vielleicht nur schwerverletzt und auf Hilfe
angewiesen
Furchtbare Vorstellung
Ich fahre immer weiter
Mit schlimmen Gedanken
Vor den Zug springen –
Nein – will nicht schuld an einem traumatisierten
Lokführer sein
Bin auf einmal auf der Autobahn
Auf einer Brücke
Halte wie automatisiert auf dem Seitenstreifen
Die Autotür noch offen beuge ich mich über's
Geländer
Hupen
Aber niemand hält an
Angetrieben von der Aussicht auf Erlösung sehe ich
in die Tiefe,
die mir unendlich erscheint
Tief genug?
Im Tal ein Fluss
Die Sonne glitzert im Wasser
Ich – sehe nicht, wie schön das ist
Eine gefühlte Ewigkeit vergeht so
Will ich wirklich weg?
So egoistisch sein?
Gedanken jagen durch den Kopf
Zweifel machen sich breit
Zögernd gebe ich auf
Es muss eine andere Lösung geben
Für die Kinder
Und für mich

Und – für meinen Mann
So tuen wir uns nicht gut
Nochmal - ein letzter Versuch
Reden – heute
Schweißnass setze ich mich wieder ins Auto
Wie durch fremde Hand gelenkt führt der Weg nach
Hause
Irgendwo fährt ein Krankenwagen mit Sirene
Wird leiser
Angekommen drehe ich mutlos den Schlüssel im
Schloss
Erwarte – wie immer – nichts Gutes
Aber
Irgendwas ist anders
Was?
Aufmerksam höre ich der Ruhe zu
Ich gehe rein
Unser Hund sieht mich fragend an
Ich sehe fragend die Kinder an,
die völlig entspannt zwischen kaputtem Geschirr
sitzen
einträglich nebeneinander
???
Wieso meckern die nicht gegeneinander?
Und wo ist mein Mann?
Papa ist weg
Gelöste Gesichter strahlen mich an
Wohin und warum?
Ist ausgerastet
Hat das alles zerschmissen
Und saß dann völlig apathisch in der Ecke

Der Krankenwagen hat ihn mitgenommen
Wir wissen nicht wohin
Aber ich
Wurde höchste Zeit
Ist das die erhoffte Lösung?
Bitte!
Wir wollten doch zusammen alt werden
Und Kinder
Und das Haus
Und ein Miteinander
Können wir gerettet werden?
Gut, dass ich noch da bin
Oder...?

Familienglück

Mama, warum bist du nie zu Haus?
Und wie sieht`s mit neuen Klamotten aus?
Ich brauch` noch `ne Hose und `n T-Shirt dazu
Und außerdem noch passende Schuh`.

Und, Mama, ich kriege noch Taschengeld!
Und hast du die Schulbücher schon bestellt?
Mama, wann kommst du denn heute heim?
Drehst du mir dann noch Locken ein?

Und meine Haare sind zu lang!
Schieb`s Schneiden nicht auf die lange Bank!
Ich will doch morgen ins Kino geh`n,
mit meiner Freundin `n Film anseh`n.

Und vorher noch beim Chinesen essen,
nur ohne Kohle kann ich`s vergessen.
Und warum rackerst du wie ein Tier!
Wir brauchen dich doch alle hier!

Mein Zimmer sieht aus, hab nur dreckige Sachen!
Du musst von der Arbeit mal Pause machen!
Und, Schatz, das Unkraut lässt schön grüßen,
es kann ungehindert sprießen.

Und wie siehst du denn eigentlich aus?
Deine Augenringe sind ja ein Graus!
Der Kühlschrank ist schon wieder leer.
Du musst doch noch einkaufen, bitte sehr!

Was gibt`s heut` zu essen, wann ist es soweit?
Hast du noch nicht gebügelt mein neues Kleid!?
Die Lehrstelle hat mir `ne Abfuhr verpasst!
Lag an der Bewerbung, die du geschrieben hast!

Und noch dazu hab` ich in Mathe `ne Vier,
weil du keine Zeit hast zum Lernen mit mir!
Übrigens brauch` ich ein neues Handy,
mein altes Ding ist nicht mehr trendy!

Das kostet doch zweihundert Euro nur,
ich mach` mich gleich mal in die Spur.
Die Arbeit ruft an – Bitte melde dich mal.
Es mangelt schon wieder an Personal.

Dein Wochenendfrei kannst du später machen.-
Soll ich jetzt weinen oder lachen?
Ja, Schatz; dann nutz doch gleich die Chance
Und frag, ob du Vollzeit arbeiten kannst.

Das bisschen Arbeit hier zu Haus,
machst du doch mit links, tagein, tagaus.
Wieso schläfst du immer so früh ein,
kannst du denn nicht mal munter sein?
Reiß dich zusammen und raffe dich hoch!
Du hast `ne Familie, weißt du das noch?

Kampf – Mampf

Sehe nach draußen
Mama am Sausen
Mit Beuteln und Taschen
Und Kästen voll Flaschen.
Hör, wie sie schleppt und ächzt
Mich nach dem Inhalt lächzt.
Hat sie Pizza und auch Eis?
Nicht nur Gemüse oder Reis!
Klingt nach Kühlschrank – auf und zu,
geht es dauernd ohne Ruh`.
Jetzt auch noch der Tiefkühlschrank-
Gebet erhört –
na Gott sei Dank.
Endlich kehrt nun Ruhe ein
Mama wird schön müde sein.
Ein Nickerchen sei ihr gegönnt,
wird ja sonst nicht grad verwöhnt.
Hör sie schon schnaufen
Ich will gleich laufen
Auf leisen Sohlen
Was Feines holen.
Frei Bahn zum Paradies
Fühl mich dabei nicht mal mies,
denn mein Zahn tropft fürchterlich
und der Bauch knurrt: „Fütter mich!"
Zuerst den Kühlschrank untersuchen
Steht darin ein leckrer Kuchen.
Ein Stückchen darf ich doch wohl haben,

daran meine Seele laben.
Fleischsalat und Joghurt fein
Soll es hinterher noch sein.
Schokopudding, Wiener Wurst
Und was gibt es gegen Durst?
Schau ich in der Kammer nach –
Liegt doch süßer Saft im Fach.
Eine Flasche steht mir zu –
Ist ausgetrunken schon im Nu.
Obst noch – der Gesundheit wegen,
sollte man doch Wert drauf legen
Banane und `ne Kiwi reichen,
jeweils von den schönen weichen.
Bäuchlein reiben
Und zwei Scheiben
Passen da bestimmt noch `rein
Mit Leberwurst vom fetten Schwein.
Magen drückt
Bin entzückt
Endlich satt
Müd und matt.
Geh ins Bett
Fühl mich fett
Augen zu komm zur Ruh.

Ich wünschte, ...

Ich wünschte, ich hätte Sehnsucht
Ich wünschte, ich hätte Vertrauen
Ich wünschte, ich wollte Zweisamkeit
Ich wünschte, ich würde geachtet
Ich wünschte, ich hätte Kribbeln im Bauch
Ich wünschte, ich könnte mich fallen lassen
Ich wünschte, ich wollte Intimität
Ich wünschte, es gäbe Verständnis
Ich wünschte, ich bekäme Trost
Ich wünschte, es gäbe Selbstlosigkeit
Ich wünschte, ich hätte geistreiche Gespräche
Ich wünschte, ich könnte alles sagen
Ich wünschte, es würde wer zuhören
Ich wünschte, es gäbe Aufrichtigkeit
Ich wünschte, mir würde verziehen
Ich wünschte, ich bekäme Rat
Ich wünschte, mir würde geholfen
Ich wünschte, es gäbe Partnerschaft
Ich wünschte, es gäbe Gleichberechtigung
Wünsche ich mir nicht eigentlich Liebe?

Der eitle Baum

Ich glaub, ich bin ein Baum
Recht stattlich anzuschaun
Hab einen dicken Stamm
Mit vielen Ästen dran
Und noch mehr grünen Blättern
Man kann auf mir gut klettern
Doch was ist das?!
Ich spüre was!
Nichts Gutes, nein!
Das darf nicht sein!
Es kribbelt und krabbelt
Und beißt und zappelt!
Ne ganze Armee
Ameisen – oh weh!
Meine Wurzel als Bau
Die sind ganz schön schlau!
Jetzt sind sie im Stamm
Und arbeiten dran
Sich Gänge zu baun!
Die solln doch abhaun!
Oh, was eine Not!
Mein sicherer Tod!
Ich sehe mich um –
Meine Nachbarn sind stumm
Sie starben voll Qual
Und nun sind sie kahl.
Wie ist das gescheh`n
Dass ich`s nicht geseh`n!
Hab nur an mich gedacht

Ob Tag oder Nacht.
Und nun ist`s vorbei
Hilft keine Jammerei
Jetzt hat`s mich erwischt
Mein Glanz langsam erlischt.
So soll die Strafe sein
Ich gehe kläglich ein.

Durchgedreht

Wo führt der Weg mich hin,
den ich gegangen bin,
ziellos durch die Stadt,
die mich getötet hat?
Höre Mädchen lachen,
Jungs, die Scherze machen.
Kann es nicht versteh`n,
muss schnell weiter geh`n.
Wie kann die Sonne scheinen!
Wenn ich bin nur am Weinen!
Der Himmel sommerblau
Seh`ich nur schwarz bis grau.
Vögel singen ihr Lied,
klingt wie ein heißer Beat.
Für mich ist es wie Lärm,
kann`s einfach nicht mehr hör`n.
Friedlich wiegen sich im Wind
Blumen, wie im Arm das Kind.
Erkenne nicht das schöne Bunt,
gehe weiter Stund um Stund.
Komme an ein Fußballspiel
Langsam wird es mir zuviel.
Euphorisches Geschrei –
Muss ganz schnell vorbei!
Vor mir riesiges Geflatter,
Enten, Schwäne – nur Geschnatter
Auf dem glitzernden Gewässer.
Nicht beachten! Ist wohl besser.
Dort Polizei und Feuerwehr,

Hilfe! Ruft dort irgendwer.
Ich- apathisch ohne Regung
Bleibe weiter in Bewegung.
Immer weiter wollen meine
Laufen, laufen – diese Beine.
Hier ein Gruß und dort ein Nicken,
beachte das mit keinen Blicken.
Autos hupen mit viel Licht,
lauf kreuz und quer und merk es nicht.
Und die Ampel steht auf Rot –
Laster bremst! Sonst wär` ich tot.
Wolken ziehen, Hitze brennt,
doch mein Körper rennt und rennt.
Ausgedörrte leere Hülle,
suche nur verzweifelt Stille.
Da hinten an der Litfaßsäule
Stehen Kinder mit Geheule,
ihre Mama, die sei fort,
wissen nicht an welchem Ort.
Haben Zettel in den Händen,
verteilen sie, um sich zu wenden
an die Leute in der Stadt,
ob sie wer gesehen hat.
Kein Gefühl, leerer Blick,
immer weiter, nicht zurück.
Plötzlich hält mich wer am Arm,
brech`zusammen ohne Scham.
Kranken wagen ist gekommen
Krieg`s nicht mehr mit – total benommen,
werde ich hineingelegt,
noch immer völlig unbewegt.

Der Sani redet auf mich ein,
ich soll ganz ruhig und glücklich sein.
Die Kinder haben mich erkannt
Und sind zum Krankenhaus gerannt.
Jetzt komm ich an `nen sicheren Ort,
bekomm` dort Hilfe und kann nicht fort.
Endlich vorbei - der Stress, die Qual,
mein Zustand lässt mir keine Wahl.
SMS vom Mann geschrieben,
schwört, er wird mich immer lieben.
Doch nun hat er keine Zeit,
Arbeit wartet, tut ihm leid
Berührt mich nicht,
seh` kein Licht,
der Tunnel wird länger,
die Haut immer enger.
Bin schweißnass,
kalt und blass.
Will hier fort
Von diesem Ort.
Jemand jagt mir `ne Spritze `rein,
ich würde dann gleich ruhiger sein.
Und schon falln mir die Augen zu –
Hat`s denn entgültig jetzt Ruh`?
Dunkle Stille um mich `rum
Keine Stimme, kein Gebrumm.
Total entspannt – regungslos
Spüre einen dumpfen Stoß.
Leute rennen hektisch `rum,
doch ich bin für immer stumm.
Für mich hat Leben keinen Sinn,

Will da bleiben, wo ich bin.
Im Nimmerland

Fair?

Warum ist die Welt nur so korrupt?
Hat sich im Laufe der Zeit entpuppt.
Hoffnungen platzen wie Seifenblasen,
mächtige Menschen dreschen nur Phrasen.
Ich soll für `nen Job auch noch christlich werden!
Mich auf Kommando zu Gott bekehren!
Soll ich es tun? Was kann schon passier`n –
Kann höchstens meine Selbstachtung verlier`n.
Nein! Ich lass mich nicht manipulier`n.
Keine Arbeit, kein Staat hat vorzugeben,
an was ich glaube in meinem Leben!
Ich war fast soweit,
doch mein Kopf schrie noch: Halt!
Nur wegen der Steuern für den Staat –
Das klingt für mich wie Hochverrat.
So geht man also um mit den Leuten,
eigener Wille hat nichts zu bedeuten.
Eig`ne Gedanken! Das kann nicht gehen,
passen nicht `rein in das Standardsystem.
Links und rechts – nein gibt es nicht!
Du hast nicht zu denken – du kleiner Wicht!

Irgendwer ruft an.
Die Arbeit ist dran.
„Kannst du heute auch wieder eher kommen?
`ne Kollegin hat sich`s Leben genommen.“
Automatisch sag ich: „Ist doch klar,
bin natürlich früher da.“
Doch in mir sieht`s ganz anders aus,

ich arbeite mir die Seele `raus.
Ich denk so oft – ich kann nicht mehr –
Der Kopf überfüllt, der Körper leer.
Termine hier, Termine da –
Einen verpasst? Na wunderbar!
Würd` mich am liebsten in `ne Ecke setzen
Und nicht mehr durch mein Leben hetzen.
Doch der Kontostand sagt: du musst, du musst,
sonst habt ihr bald einen Riesenverlust.

Steh` jetzt auf und streng dich an,
wenn schon keiner weiter kann!
Hätt`s fast verpennt,
die Zeit die rennt,
die Katzen miauen mich fordernd an –
sind wir nun endlich mit füttern dran!
Und Klumpen musst du noch aus den Klo`s fischen,
sonst musst du nachher auch noch Pfützen
wegwischen!
Auch das wird gemacht
Nach `ner kurzen Nacht.
`n Pott Kaffee und `ne schnelle Kippe
Malochen, Malochen für die Sippe.
Kaltes Wasser ins Gesicht
Und dann ab zur Sonderschicht.
Scheuklappen auf, Arbeit nach Plan.
Besonderheiten? Denk gar nicht dran.
Ideen sind auch hier nicht gewollt.
Hauptsache der Rubel rollt.
Ich muss mich sehr zusammenreißen
Und mir auf die Zunge beißen.

Querulanten haben`s schwer:
„Und bist du nicht willig, da ist die Tür!"
Doch irgendwann platzt aus mir alles heraus,
dann ist`s auch mit dieser Arbeit aus.
Auf der Heimfahrt schrei ich den Vordermann an,
der absolut gar nichts dafür kann.
So geladen mache ich Halt
In dem heimatlichen Wald.
Handy aus, mich könn`alle mal…
Brauche jetzt Luft -weg mit dem Schal!
Über Wurzeln, durch Gestrüpp,
querfeldein und dann zurück.
Atemlos und ausgepowered –
Hat wohl ziemlich lang gedauert.
Von meiner Wut völlig besessen
Hab` ich wohl die Zeit vergessen.
Jetzt geht es mir besser, jetzt kann ich nach Haus.
Dort erwartet mich Applaus.

Wieso? Weshalb? Was hab` ich getan?
Und nun springt der Anrufbeantworter an.
Ich höre den Chef am Telefon,
er klingt ganz freundlich, ohne Hohn!
Glückwunsch, Kollegin, ich freu`mich für sie –
So eine hatten wir hier noch nie!
Endlich sagt wer die Meinung und haut auf den Putz,
sie steh`n unter meinem persönlichen Schutz.
Ansonsten sind sie ab heute entfristet
Und als Vollzeitkraft gelistet."

Ich zucke zusammen –
`s war doch nur ein Traum.
Sitze im Auto unter `nem Baum.
Muss wohl eingeschlafen sein,
Fassade ist eben leider nur Schein.
Desillusioniert – total kaputt –
Das Leben mal wieder ein Haufen Schutt,
trete ich langsam den Heimweg an.
Dort warten die Kinder und mein Mann.
Doch als Lebensvagabund
Halte ich lieber erstmal den Mund.
Aufgeben? Nein! Das lass ich nicht zu.

Meine Kraft kommt wieder – schreie stumm – juhu!
Ich kämpfe weiter! – hab`mich besonnen,
sonst hätte die Obrigkeit gewonnen!
Denn irgendwo auf dieser Welt
Muss es was geben, das mir gefällt!
Liebe Menschheit in diesem Sinne:
Seid einfach still und haltet inne.
Kann jeder nicht einfach nur glücklich sein?

Strafe

Urteil: Tod durch Krebs – viel zu jung.
Ich – ja ich – aber warum?
Ich? Wirklich ich?
Ich! Ich! Tatsächlich!
Gestoßen in die Todeszelle
muss hier raus aus dieser Hölle.
Kaution – OP.
Die Narbe tut weh.
Einspruch beim Todesgericht.
Bedingungen – schweres Gewicht,
Chemo, Bestrahlung, Aufschub gewährt
Mein Mut doch schon fast aufgezehrt.
Nochmal davongekommen.
Endgültig? Nein. Leben beklommen.
Schuld und Reue machen sich breit,
jetzt noch nicht,
aber wann ist es soweit?
Das Gericht gibt mir schon bald Bescheid.
Zurück in die Zelle
und wieder die Welle
aus Freigang mit Auflagen
heißt neue OP, Strahlen, Chemo ertragen.
Meine Kräfte schwinden
kann keine Stelle finden
zum Lebensmut tanken.
Beginne zu wanken
zwischen Weiter und Resignation.
Planen wär' jetzt der blanke Hohn.
Will ich denn noch und für wie lange?

Ja, Körper, ich hab' dir viel angetan.
Hab' dich missbraucht,
zu viel geraucht,
manchmal getrunken,
gedankenversunken,
zu fett gegessen,
von Arbeit besessen.
Nun wehrst du dich
ganz fürchterlich.
Selbst Ändernwollen zählt nicht mehr –
Heilungschancen ohne Gewähr.
Wer will mich noch so?
Geschwächt, nicht mehr ich!
Sollen sich alle kümmern um sich!

Doch! Ich nehm' die Chance an.
Das bin ich mir schuldig,
mach' jede Behandlung ganz geduldig.
Ich bin noch nicht fertig mit meinem Leben –
Will meinem Schicksal mich nicht ergeben!

Alles wird anders – aber deswegen schlecht?

Müde

Bin zu müde zum ausruhen
zu viele Gedanken machen mich müde
zu müde zum Gedanken sortieren
Gehirnwindungen ständig in Bewegung
finde keinen Weg
komme nicht durch
zu müde
zu müde, mich zu wehren
zu müde zu antworten
zu müde zu streiten
streiten macht müde
zu müde für Emotionen
totale Leere füllt meinen Körper aus
regungslos
lebendig tot
starre stumme Lethargie
WACHE ICH WIEDER AUF?

Verirrt

Zum nächsten Termin
Ich renne
Vorbei an leeren Schaufenstern
Flüchtig werfe ich einen Blick in eins
Erschrecke mich
Beinahe schon vorbei
einen Schritt zurück
bleibe steh'n
Ich sehe darin eine Frau
ein Körper mit einem Gesicht
Wer ist das?
Bin ich das?
Aber wer bin ich?
Egal!
Weitergeh'n
Geht nicht!
Meine Beine bleiben steh'n.
Meine Augen zwingen mich, hinzugucken.
Sie glotzen
können DAS nicht ordnen
Irgendwas fast Totes in mir versucht, mich
aufzuklären!
Hey, DAS bist wirklich du!
Wirklich ICH?
Ich fasse mich an
Die im Schaufenster macht das auch!
Ich strecke die Zunge raus
Die im Schaufenster macht das auch!
ICH!

Ich bin's!
Nein, mein Körper und mein Gesicht
versteckt unter Schminke
verkleidet
Klamotten – fremd!
Schein!
Bin wie in Trance
Aufwachen aus einer viel zu langen Narkose
die Zellen in meinem Kopf begreifen langsam,
dass das Einbahnstraßenschild falsch herum steht
fatal
fast
Wo war ICH?
Was war mit meinen Zellen los?
Meine Brille war schon dunkelrot
Ich wollte sie unbedingt loswerden
Jetzt!
Damit ich DAS im Schaufenster besser sehen kann
ich reiß mir das Ding aus dem Gesicht
werfe es in den überfüllten Mülleimer an der
kaputten Tür
Ich stopfe das Ding ganz nach unten
erkenne die anderen tiefroten Brillen darin
Ein paar Zellen schwimmen schon richtig rum
Was, so viele Brillen!?
Ich bin nicht die einzige?
Laufen umher wie Zombis!
Aufwachen!
Ich sehe wieder ins Schaufenster
Der Wind wirbelt die mühsam geformte Frisur
durcheinander

Wild, wie früher
als ich noch ich war
Stück für Stück kommen die Erinnerungen
Wer bin ich geworden?
Warum?
Geblendet vom scheinbaren Wohlstand,
vom Habenwollen, vom Mehr!?
Sklave der Gesellschaft und meiner selbst
Unmerklich
Unaufhaltsam
Ungeformt
Gepresst
Erpresst
Unwissentlich
Die Fremde geworden
Will ich das sein?!
Die Fremde?!
Einzelne Staubkörnchen Bewusstsein versammeln
sich in mir
Ein letztes Tröpfchen Willen kämpft sich dazu
sie verbinden sich
zu einem immer größer und stärker werdenden
Klumpen
Der Klumpen ist voll mit Zukunft
Verdrängt das fremde ICH im Schaufenster
Stöckelschuhe aus!
Den engen Rock einreißen,
damit ich rennen kann
die falsche Einbahnstraße zurück
nach Hause
keiner da

gut so
schnell zum Spiegel
putzen, putzen, putzen
Ich schrubbe mir die Falschheit aus dem Gesicht
bis es rot ist
Das zerzauste Gewirr auf dem Kopf öffnen
Die gefärbten Haare hängen ungekämmt um mein
wirkliches ICH – Gesicht!
Wo ist der Müllsack!
Schnell her damit!
Fremde Klamotten rein, Schminke weg!
Fast nichts mehr im Schrank
Ganz unten hinten finde ich meine uralte
ausgefranste Jeans und Lieblings – T-Shirt
Meine Träume – Klamotten!
Passe ich noch rein?
Ja, besser als früher
Schuhe? Wozu?
Mein Blick geht zum Spiegel
Da bin ICH!
DAS bin ICH!
JA!
Ich mach mir einen Pott Kaffee.
Grüner Tee?
Müsli?
Weg damit!
Ein dickes Stück Torte muss es sein!
Mein ICH – mein SELBST-BEWUSSTSEIN ist
wieder da!
Mein Gewissen auch
Was habe ich meiner Familie angetan!

Gibt es sie eigentlich noch?
Ich sehe nach
Die Hausschuhe stehen noch da
Aufatmen

Irgendwas fehlt noch
Eine heiße Welle fährt durch meinen Körper
Es fällt mir ein
schnell und mit einer unendlichen Zufriedenheit
schreibe ich einen Zettel

Meine Kündigung
Ich habe etwas wiedergefunden
das mir fast durch die Hände geglitten war
Habe keine Zeit mehr
mich für fremde zu prostituieren
habe den glitschigen Schleim abgewaschen
Aber jetzt halte ich es fest

MEIN WIRKLICHES ICH!

Lebenslinien

Ein Bild in der Zeitung – ich muss innehalten,
sehe ein altes Gesicht mit vielen Falten.
Eine Frau stützt es mit knochigen Händen.
Das Bild will eine Botschaft mir senden.
Ich schaue es an und sehe genau
die LEBENSLINIEN dieser Frau.
Ein rotes Tuch auf ihrem Kopf
verdeckt nicht ganz den grauen Schopf.
Wallend umfliesst's die gegerbte Haut,
aus der sie mit schwarzen schaut.
Sieht mich direkt an und scheint zu sagen:
‚Es nutzt kein Jammern und kein Klagen.
Nimm du dein Leben in die Hand
und steck den Kopf nicht in den Sand.
Fehler passier`n, doch du lernst auch daraus –
Beim nächsten Mal besser _ du erntest Applaus.
Manche Wege sind steinig, andere glatt,
doch der kann es schaffen, der Mut dazu hat.`
Sie denkt zurück an ihr Labyrinth,
das sie betreten hat als Kind.
Abgründe vor ihr, da half auch kein Fluchen,
sie musste für sich einen neuen Weg suchen.
Es gab viele Mauern, die Gänge verstellt,
dass sie sich oft wähnte am Ende der Welt.
Sie kehrte um – einen Schritt zurück,
schluchzend jetzt einen Ausweg im Blick.
Bald stand sie schon vor der nächsten Hürde,
den Berg überwand sie mit Kraft und Würde.
Sogleich machte sich ein Fluss vor ihr breit,

den sie durchschwamm mit Schuh' und Kleid.
Ein Sturm aus Sorgen kam auf sie zu,
doch auch der brachte sie nicht aus der Ruh'.
Sie hat sich ihnen ganz tapfer gestellt –
eins nach dem andern geschafft aus der Welt.
Ihr Weg war nun frei und irgendwann
kam sie am Ziel ihres Lebens an.
Trotz vieler Sorgen und ewig Verzicht –
Zufrieden und schön ihr müdes Gesicht.

Nur ein paar Minuten Leben

Ich bin ein kleines Küken
und sitze auf dem Band
und werde aussortiert
von böser Menschenhand.

Ich darf nicht älter werden
so lautet der Beschluss
weil Jungs nicht Eier legen
darum ich gehen muss.

Ich wollte doch ein Hahn sein
mit einem edlen Schwanz
und um ein Hühnchen werben
bei einem stolzen Tanz.

Dann wollt' ich viele Kinder
ganz gelb und hübsch und fein
es sollten viele Hühnchen
und noch mehr Hähnchen sein.

Doch diese bösen Hände
die von dem Menschen sind
setzen dem Traum ein Ende
und töten mich als Kind.

Jetzt werde ich geschreddert
in Teile klitzeklein
laut piepend noch lebendig
geht's in Maschinen rein.

Mensch! denk doch mal ganz ehrlich
ich habe auch ein Herz
und wenn du mich da reinstopfst,
wirst hören du den Schmerz.

Du sollst ihn immer hören
dein ganzes Leben lang
soll dich als Mensch zerstören
nun kommt mein letzter Gang.

Kaputt

Ein Trauma, nie überwunden
Grübeln – unzählige Stunden
Ergebnislos – total versunken
Alkohol, Tabletten – kurzes Vergessen
Irgendwann davon völlig besessen,
berauscht in grenzenlosen Exzessen.
Erwachen nicht mehr möglich
Verfall – stückchenweise – tagtäglich
Verzweiflung längst ertränkt,
von Fremden oft gekränkt
angebliche Hilfe – viel zu spät.
Der Anfang vom Ende ist Realität.
Sinnlos dein Dasein
dein Körper ist leer
dein Blick ist tot
kein Willen mehr.
Jemand schiebt Essen in deinen Mund,
der Hintern von nassen Windeln ganz wund,
ein bisschen wirst du auch.
Der Pfleger stinkt nach frischem Rauch.
Was soll's, die leeren Körper riechen's nicht.
Und nebenan im Nachbarzimmer
stundenlang schon leises Gewimmer.
Egal, jetzt ist das Licht schon aus
der Pfleger will endlich auch nach Haus.
Hirngelähmt, gestrandet im Heim
Das Totleben wird bald zu Ende sein.

Erlkönigs neue Kleider

Wer reitet so schnell durch Sonne und Wind?
Der König ist`s mit seinem Kind.
Das soll Hochzeit feiern im Nachbarland –
Hat der König verloren seinen Verstand?
Sein Volk ist deshalb ganz aufgebracht
Und heckt eine List aus in der Nacht.
Es klaute dem König die Kleider alle,
Das war natürlich `ne böse Falle.
Denn so konnte er nicht mehr weiterreiten.
Die Neuigkeit tat sich schnell verbreiten.
Er ließ sofort den Hofschneider schicken-
Den konnte man im Nu erblicken.
Der empfahl dem König den neuesten Stoff-
Aus „Nichts" – das gab noch Riesenzoff!
Im Handumdreh`n war`s fertig das neue Gewand.
Der König zog weiter gen Nachbarland.
Dort wartet das Volk schon auf der Straße
Und rümpfte schon lange gelangweilt die Nase.
Doch plötzlich fing es an zu lachen,
denn jetzt kam der König – ohne Sachen!
Der König endlich seine Lage verstand,
macht kehrt und ritt bis er verschwand.
Im eignen Königreich angelangt,
er sofort nach dem Schneider verlangt.
Es weiß kein Mensch, was da gescheh`n,
der Schneider ward nie mehr geseh`n.
Seine Tochter aber strahlte vor Freude,
denn Hochzeit gab es nicht mehr heute.

Nach Hause

Der Riegel der Kellerluke ist nicht eingeschnappt
das erste Mal seit unendlich vielen Jahren
sie weiß nicht, wie viele
ihr Verstand ist in der einsamen Dunkelheit beinahe
verkümmert
doch der letzte Rest lässt sie erinnern
an den Tag
sie war fünf
als sie jemand gepackt und einfach mitgenommen hat
an die Schreie
an die Tränen
an die Angst
an das, was sie sich damals geschworen hat
NACH HAUSE

jetzt
es ist soweit
ihre Chance
sie reißt ein Stück Rock ab
von dem Kleid
das sie sich aus den gefundenen Gardinen geknotet
hat
sie wartet noch
sie weiß, er ist allein
jetzt hört sie ihn endlich
den verhasst vertrauten Klang des alten Pick up
entfernt sich
immer weiter
ist nicht mehr zu hören

jetzt
mutig entschlossen
voller Kraft
sie kann kaum stehen
so niedrig ist die Kellerdecke
sie stößt die Luke auf
Augen zu!
Licht tut weh
aber sie springt hoch
stößt sich mit ihren nackten schwarzen Füßen an den
Wänden ab

Daußen!
vorsichtig öffnet sie die Augen wieder
zu schmalen Schlitzen
die Tür
die Tür ist nicht verschlossen

ist Sommer?
oder Winter?
sie hat Glück
ein trockener schöner Sommertag

sie setzt langsam einen Fuß vor den anderen
vor die alte Holzhütte
in dem fremden Wald
sie beginnt zu laufen
schneller, immer schneller
die grünen Augen inzwischen ganz offen
sie brennen
egal

weiter
die langen roten verfilzten Locken hüpfen
rhythmisch
auf den Schultern
sie rennt
wie betäubt
stolpert
fällt
steht auf
rennt weiter
zerkratzt sich die Beine
und das Gesicht
an den kleinen Zweigen
sie spürt es nicht
die Füße bluten
sie spürt es nicht
ihr trockener Mund lächelt glücklich

endlich
eine Quelle
das klare kalte Wasser schmeckt
so gut, wie nichts auf der Welt
sie läuft am herrlich plätschernden Bach entlang
trinkt immer wieder
streichelt die vielen bunten Blumen,
die überall wachsen
versucht,
sich an die Farben zu erinnern
vor ihr ein kleiner See
der Bach fließt hinein
so, wie sie war lief sie vorsichtig ins Wasser

es war nur bauchtief
und sie tauchte in das vom Schmutz erlösende Nass
wusch sich eine Ewigkeit das lockige Haar
das dreckige Gardinenkleid zog sie noch im Wasser
aus und schrubbte es
und hing es über einen Ast
der über ihr ragte
die Spitze flatterte lustig im lauen Wind
wie von Sinnen lachte
sprang
und spritzte sie umher
atemlos aber sauber
wie schon seit Jahren nicht mehr
stieg sie aus dem Wasser
schüttelte ihre Mähne
und kämmte sie mit den Fingern
das fast wieder weiße Kleid war getrocknet
sie zog es an
und lief weiter
ein paar Himbeeren
die sie fand
genoss sie wie ein Festmahl

langsam lichtete sich der Wald
vor ihr auf dem Feld
ein Mann
regungslos
die Arme zur Seite
eine ausgeblichene karierte Jacke
unter dem zerlöcherten Hut
sah ein freundliches Gesicht aus Stroh hervor

sie erinnerte sich
eine Vogelscheuche
lachte und nahm die Puppe
und summte das Lied
das ihre Mutter immer gesungen hatte
und tanzte mit dem Strohmann im Kreis

die Sonne hatte längst den Zenit erreicht und
wanderte gen Westen
sie verabschiedete sich von dem Strohmann
und zog weiter
immer Richtung Sonne
auf dem Feldweg entlang
am Horizont zeigte sich eine Kirchturmspitze
das Bild kannte sie
sie wurde wieder schneller
sie rannte
sie erinnerte sich immer besser
das ist der Feldweg vom Dorfrand
Mama hatte verboten, dort zu spielen
Häuser kamen näher
aber sie sahen so anders aus

sie wusste nicht
wer sie war
und wohin sie musste
runzlige Frauen in Schürzen und Kopftüchern
schauten sie flüsternd an
die Fremde
ohne Schuhe
im Gardienenkleid

die Alten gingen lieber weg
sie wusste nur
sie will nach Hause
und lief weiter
auf einmal stand sie auf dem Dorfplatz
der mit den glänzenden schwarzen Pflastersteinen
und jetzt?
wohin?
an der Litfaßsäule sah sie ein frisch geklebtes Plakat
zwischen herunterhängenden Papierfetzen
eine Bank stand davor
auf dem Plakat sah man ein fröhliches
Mädchengesicht
eingebettet in rote Locken
aus dem ihr grüne lustige Augen entgegenlachten
darunter stand
„Wo ist mein Kind?"
Bin ich das?
verzweifelt setzte sie sich auf die Bank
und hoffte
bei jeder vorübergehenden Frau
dass es ihre Mutter sei
viele Stunden vergingen
es wurde Abend
hungrig – wie immer
die Melodie summend
verharrte sie frierend zusammengekauert auf der
Bank
müde
kaum noch die Augen auf

eine Frau blieb stehen
im Laufe der Zeit immer mehr zusammengefallen
in unmodernen Kleidern
und mit glänzenden roten Locken
lauschte sie der so vertrauten Melodie
sah sich um
und richtete sich plötzlich auf

die Melodie
die rote Haarpracht auf der Bank
auf die sie jede Stunde
jeden Tag
jahrein, jahraus
gewartet hat
fast verrückt vor Gram
ist sie es wirklich?

Freunde, Nachbarn,
das ganze Dorf wandte sich von ihr ab
sie war allein

jetzt fangen ihre Augen an zu leuchten
und sie singt ihr Lied
und sie lacht ganz laut
und weint
und läuft
zu ihrem Kind
das sie nie aufgegeben hat

das Mädchen auf der Bank schaute ungläubig
mit weit aufgerissenen Augen

völlig erstarrt
„Mama"
ist sie's?
sie muss es sein
die Melodie die Locken
die Frau stand vor ihr
berührte zaghaft ihre rote Mähne
und ohne Worte lagen sich Mutter und Kind
hemmungslos lachend und weinend in den Armen

„Mama!"
„Mein Kind!"
immer wieder berührten sie sich
streichelten sich
ihr beider Traum ist wahr geworden
sie haben sich wieder

und eng umschlungen gingen Mutter und Kind
summend und singend
NACH HAUSE

die roten Locken wippten im Takt